Hans Arnold

Wie viel Einigung braucht Europa?

Droste Verlag

Bibliografische Informationen Der Deutschen Bibliothek
Die Deutsche Bibliothek verzeichnet diese Publikation in der Deutschen Nationalbibliografie; detaillierte bibliografische Daten sind im Internet über http://dnb.ddb.de abrufbar.

Schutzumschlag: Karlwerner Reiß unter Verwendung eines Fotos von CMI/Picture 24/Bach
Lektorat: Brigitte Hamerski
Satz: Fanslau Communication/EDV, Düsseldorf
Druck und Bindung: Clausen & Bosse, Leck
ISBN 3-7700-1180-5

www.drosteverlag.de

Inhalt

I. Europa beginnt neu

Die Europäische Union (EU) ist größer geworden. Ihre Erweiterung von 15 auf 25 Mitgliedstaaten hat jedoch eine deutlich andere Qualität, als die vier Erweiterungen zuvor, mit denen sie (und ihre Vorgängerorganisationen) in den letzten 30 Jahren von sechs auf 15 Mitgliedstaaten angewachsen waren. Die jüngste Erweiterung ist ein epochales Ereignis. Denn mit ihr und der für später bereits geplanten Aufnahme von Bulgarien und Rumänien, sowie den übrigen Staaten Südosteuropas, umfasst die EU nunmehr praktisch das gesamte Europa von seinen Meeresgrenzen bis zu den großen Randstaaten Russland, Weißrussland, Ukraine und Türkei. Die EU ist jetzt Europa, Europa ist die EU. Europa beginnt neu.

Die Europäische Union ist aber nicht nur größer geworden. Sie wird auch anders werden, allein schon durch die Zahl ihrer Mitgliedstaaten, die sich um 70 Prozent erhöht hat. Mehr aber noch dadurch, dass die bisher ausschließlich westeuropäische EU jetzt mit einem einzigen politischen Schritt, gewissermaßen von einem Tag auf den anderen, zu einer gesamteuropäischen Union geworden ist. Europa und seine EU begründen sich neu.

Aber was ist los mit den Europäern? Warum mussten sie alles, noch bevor es richtig begonnen hat, schon wieder infrage stellen? 2003 verursachte zunächst der Krieg der USA gegen den Irak einen Riss durch die Gemeinschaft der EU-Staaten, wie sie ihn in ihrer fünfzigjährigen Geschichte nicht gekannt hatte. Danach entstand zwischen den Mitgliedstaaten ein Streit, wie er heftiger kaum hätte sein können. Das Resultat war, dass das System der europäischen Währung – der Euro – in eine schwere Krise geriet, und schließlich Ende 2003 die mit viel Mühe und Engagement zustande gekommene Verfassung für Europa scheiterte.

Ist dieses dreifache europäische Desaster die Folge der bisherigen Politik der EU, die ihrer Erweiterung oder die Folge von beidem? Sind die Europäer mit ihrer neuen Gemeinsamkeit überfordert? Sind die Interessen der 25 Staaten zu unterschiedlich? Ist die neue EU zu groß, ist sie zu vielfältig, um geschlossen handeln zu können? Sackt sie ab? Ist vielleicht sogar der Traum vom geeinten Europa ausgeträumt?

Wir Europäerinnen und Europäer müssen uns fragen, wie es mit Europa weitergehen kann. Welches Europa wollen wir? Wie umfangreich und welcher Art soll die gemeinsame europäische Politik in und mit der Europäischen Union sein? Wie beurteilen wir ihr bisheriges Ergebnis? Welche Erwartungen, welche Hoffnungen verbinden wir mit ihr für die Zukunft? Vor allem aber sollten wir uns im gegenwärtigen Moment der besonders großen Veränderungen und vor dem Hintergrund der dramatischen jüngsten Krisen mit der Kernfrage aller europäischen Politik beschäftigen: Wie viel Einigung braucht Europa, wie viel europäische Einigung wollen wir eigentlich?

Dieses Buch ist das eines engagierten, gleichzeitig aber auch kritischen Europäers. Es will mit einer Analyse aus realpolitischer Sicht das vermitteln, was man zum Stand der europäischen Dinge und in Sonderheit zu dieser Kernfrage wissen und präsent haben sollte. Es konzentriert sich dafür auf die für die Einigung Europas zentralen Fakten, Probleme und Fragestellungen. Es wendet sich an alle, die sich zur Einigung Europas eine Meinung bilden wollen. Darüber hinaus soll es aber auch all denjenigen, die bereits eine individuelle Meinung zur europäischen Einigung haben, eine Gelegenheit bieten, diese zu überprüfen. Es wendet sich daher nicht zuletzt auch an die so genannten Euro-Fanatiker, die alles und jedes europäisch vereinheitlichen wollen, an die Euro-Romantiker, die sich von einer solchen Art der Einigung paradiesische Zustände in Europa erhoffen, an die Euro-Skeptiker, die Angst vor der Einigung haben, und denen an ihr fast alles und jedes dubios erscheint, an die Euro-Gegner, denen die ganze Richtung nicht passt, und nicht zuletzt auch an die immer noch viel zu zahlreichen Euro-Muffel, die sich in den weichen Polstern der Interesselosigkeit räkeln.

II. Wege, Formen und Probleme der Einigung

Wir Europäer werden uns in unserem neuen Europa mehr als bisher um die europäische Einigungspolitik kümmern müssen, denn letzten Endes sind wir die Nutznießer oder Leidtragenden dieser Politik. Sie wird immer ausgefächerter. Immer mehr durchdringt sie unser tägliches Leben, immer mehr beeinflusst sie unsere persönlichen Möglichkeiten. Die wichtigste materielle und politische Grundlage und das mit Abstand bedeutendste Instrument für die Einigung Europas ist das System der EU. Daher ist unsere Leitfrage, wie viel Einigung Europa braucht, in erster Linie die Frage nach der Eigenart und den Auswirkungen dieses Systems, das umfangreich und von einer teilweise verwirrenden Vielfalt ist. Beispielsweise aber benötigt ein Autofahrer um sein Ziel zu erreichen bekanntlich weder die Kenntnisse eines Automechanikers noch müssen ihm alle Neben- und Umwege seiner Route präsent sein. In diesem Sinne soll sich auch diese Analyse des EU-Systems auf das konzentrieren, was für die Behandlung unserer Leitfrage erforderlich ist. Auszugehen ist hierfür vom Stand der Dinge, d. h. von der Außen- und Innenansicht des derzeitigen EU-Systems.

Der Stand der Dinge

Das Europa von Brüssel

Die Außenansicht hat den gängigen Namen *Brüssel.* Er reicht in seiner Bedeutung aber weit über die Stadt hinaus, in der der Rat, die Kommission und wichtige Ausschüsse der EU – sowie zum Teil auch das Europäische Parlament – ihren Sitz haben. Hierzu kommen die Vertretungen der EU-Staaten, das Heer der Lobbyisten und manche Interessenten mehr. Brüssel ist nicht zu unrecht zum Inbegriff von allem geworden, was irgendwie mit

EU-Europa und der mit ihm verbundenen Politik zu tun hat. Brüssel steht in den Augen der Europäer für die Gesamtheit der Außenansicht des EU-Systems.

Das Ergebnis ist, dass das äußerst umfangreiche und oft diffuse Bild von der europäischen Politik bei vielen Europäern meist auf eine ebenso diffuse Aufnahme und Reaktion trifft. Durch das Aufeinandertreffen der Masse an Informationen aus und über Brüssel mit der Masse der Europäer entsteht für jeden Europäer zunächst gewissermaßen „sein Europa" (das Europa), das seinen persönlichen Lebens- und Interessenbereich berührt. Brüssel steht in der öffentlichen Beurteilung für das, was unmittelbar wahrnehmbar ist. Das sind zum einen die umfangreichen Regulierungen zur Angleichung oder auch Vereinheitlichungen bzw. Europäisierungen nationaler Verfahren. Ferner gehören dazu die unzähligen Förderprogramme zur Ausgleichung der nationalen Niveaus von Infrastruktur, Produktion, Bildung usw. und generell zur Förderung der Modernisierung und des Fortschritts in der EU*.

Das Gros der Europäer beurteilt verständlicherweise alles vor dem Hintergrund, wie es sich in ihrem persönlichen Bereich auswirkt. Der kulturell orientierte Europäer dürfte sich vor allem für die Wissenschafts-, Forschungs- und Kulturpolitik Brüssels interessieren und die vielen Förderprogramme, deren kulturelle Orientierung sich schon an ihren wohlklingenden Namen – „Sokrates", „Erasmus", „Leonardo da Vinci" usw. – ablesen lässt. All diejenigen Europäer wiederum, die in dem Bereich tätig sind, der gemeinhin als „die Wirtschaft" bezeichnet wird, interessieren sich für den weitaus größten, den wirtschaftlichen Bereich der Brüssel-Aktivitäten und die in ihm zu

* Die seit 1993 bestehende EU schließt ihre Vorgängerorganisationen und die Ergebnisse von deren Politik ein. Daher wird im Folgenden gelegentlich auch die Gesamtentwicklung der Einigungspolitik als EU bezeichnet.

treffenden Regelungen und existierenden Förderprogramme. Ein Unterschied besteht aber in den Möglichkeiten, die eigenen Interessen gegenüber Brüssel wahrzunehmen. Hier ist die Wirtschaft mit ihren Tausenden Lobbyisten in Brüssel und ihrer starken Interessenvertretung in den EU-Staaten ein beträchtlicher und der einzige wirkliche Machtfaktor neben der Politik.

Diejenigen Europäer, die Brüssel gewissermaßen als so genannte *politische Normalverbraucher* gegenüberstehen, treffen zwar, vor allem in den südlichen EU-Staaten, immer wieder auf Schilder mit dem europäischen Symbol, die davon künden, dass hier eine Brücke, da eine Straße und dort eine Kläranlage mit Geldern aus Brüssel – also ihren Steuergeldern – gebaut wurde. Sie erleben und genießen ihre unbeschränkte Bewegungsfreiheit innerhalb Europas und erleben Europa auch sonst bei verschiedensten Gelegenheiten. Es soll sogar Europäer geben, die dem Kursverhältnis zwischen Euro und Dollar mit einer Art europäischem Nationalgefühl folgen.

Aber zu einem Gesamtbild, das die Notwendigkeit einer politischen Einigung Europas überzeugend begründen würde, will sich dies alles für die politischen Normalverbraucher nicht recht zusammenfügen. Sie haben Orientierungsschwierigkeiten. Zwar widmen sich ihnen die Brüsseler und die nationalen Apparaturen für Information und Öffentlichkeitsarbeit mit vielen Einrichtungen der Erwachsenenbildung und in Deutschland insbesondere die sehr aktive *Europa-Union Deutschland*. Doch die öffentliche Wahrnehmung bleibt letztlich recht global oder sehr punktuell bzw. eine Mischung aus beidem.

Die Gründe hierfür liegen weniger bei den Bürgern, als vielmehr bei den Politikern Europas. Sie berauschen sich und ihr Publikum mit Zukunftsvorstellungen, machen vermeidbare große Fehler und lassen zu viele ebenfalls vermeidbare kleine Fehler zu. Es beginnt damit, dass sie ständig große Dinge im Munde führen und als Bestandteile einer stabilen und erfolgreichen europäischen Politik erscheinen lassen. Beispiele sind:

die europäische *Wirtschafts- und Währungs-Union*, bei der die Wirtschaftsunion noch fehlt; der europäische *Raum der Freiheit, der Sicherheit und des Rechts*, bei dem es sich um erste Ansätze einer rechts- und innenpolitischen Zusammenarbeit handelt; die *Unionsbürgerschaft*, die nicht viel mehr als ein erweiterter konsularischer Schutz ist; die *Gemeinsame Außen- und Sicherheitspolitik*, bei der das Gemeinsame bisher kaum entwickelt ist; der *europäische Agrarmarkt*, der kein wirklicher Markt ist.

All das lässt sich natürlich in den europäischen Verträgen nachlesen. Dort ist die große Kluft zwischen den permanent als Tatsachen zitierten Themen in den Präambeln und der tatsächlichen Wirklichkeit in den anschließenden Vertragstexten unübersehbar. Aber wer schaut schon in die Verträge? Dieser Umgang mit europäischer Politik weckt große Erwartungen und macht noch größere Enttäuschungen unvermeidlich. Reduzierung auf das Reale und Befassung der Bürger mit der tatsächlichen Wirklichkeit wäre hier vermutlich besser. Hinzu kommt die Unart einiger Politiker, in ihrem Land notwendige unpopuläre Entscheidungen als irgendwie von Brüssel her vorgegeben darzustellen. Euro-Skeptizismus ist die Folge. Schließlich mündet alles in eine Stimmung, in der „Brüssel" oder seine „Eurokratie" als eine der großen Nutzlosigkeiten unserer Zeit empfunden wird.

Die direkte Kritik an Brüssel richtet sich auf falsche Politik und falsche politische Verfahren. Für Ersteres ist die Kritik am so genannten europäischen Agrarmarkt, d. h. an der Gemeinsamen Agrarpolitik (GAP), exemplarisch. Er gehört zu den häufigsten vollmundigen Wunschbezeichnungen. Aber er ist eben kein Markt, sondern ein staatswirtschaftliches System der Produktions- und Preissteuerung auf europäischer Ebene, geschützt durch rigorose Abschottung gegenüber dem Weltmarkt. Auf die vielen bizarren Einzelheiten dieses Systems braucht hier nicht weiter eingegangen zu werden. Es genügt die Feststellung, dass mit diesem System ca. zwei Prozent der Beschäftigten in der EU der 15 Staaten ca. zwei Prozent des Bruttoinlandsprodukts (BIP) der EU dadurch erwirtschaften können, dass dieser „Markt" aus Brüssel mit ständig steigenden Zahlungen von zuletzt jährlich gut 40 Milliarden Euro (2003), also mit nahezu der Hälfte des gesamten Haushalts der EU, subventioniert wird. Mit diesem vielen Geld werden natürlich nicht nur Landwirte beglückt, sondern auch die Agro- und Lebensmittelindustrie.

Die GAP ist wirtschaftlicher, ökologischer und außen- wie entwicklungspolitischer Irrsinn – sie ist Wasser auf die Mühlen der Euro-Gegner. Die wackeren Versuche der EU-Kommission sie umzusteuern, waren bisher wenig erfolgreich. Die GAP ist ein herausragendes Beispiel dafür, wie die Politik der Einigung Europas durch gemeinsame Politik der EU-Staaten geschädigt werden kann. Nicht ohne Ironie erinnert man sich daran, dass in den frühen Jahren der europäischen Einigungspolitik der Agrarmarkt gerade wegen seiner unerschütterbaren Konstruktion als Vorbild für stabile Einigung galt. Die schon damals beträchtlichen Subventionen wurden als *Opfer auf dem Altar Europas* verstanden.

Als verhältnismäßig harmlos nehmen sich gegenüber solchen Fehlleistungen die vielen vermeidbaren Unebenheiten aus, die das Ansehen Brüssels beeinträchtigen. Beispielsweise gehörten jahrelang zu jeder Diskussion über die EU-Einigungspolitik Hinweise auf zwei Norm-Richtlinien: einmal die Norm für die Konstruktion von Traktorensitzen und zum anderen für die zulässige Krümmung von Salatgurken. Für die erste Norm können noch Sicherheitsgesichtspunkte geltend gemacht werden. Die zweite Norm führt lediglich zu Kostenersparnis der Ernährungsindustrie. Beide Normen wurden zu Recht Paradebeispiele des Übereifers aus Brüssel. Derartige – wenige aber spektakuläre – Eskapaden manifestierten den in Europa gepflegten und teilweise auch gezielt forcierten Eindruck der so genannten *Brüsseler Regulierungswut.*

Kurz, Brüssel und die EU-Kommission als sein Kernelement

haben eher einen schlechten als einen guten Ruf. Er wird von den Euro-Gegnern genutzt und gepflegt. Dadurch hält sich z. B. auch hartnäckig das Gerücht, dass Brüssel ein Wasserkopf sei. Tatsächlich aber hat die EU-Kommission nicht mehr Bediensteete als die Kölner Stadtverwaltung. Im Grunde geht es Brüssel natürlich nicht anders als allen staatlichen, regionalen und kommunalen Verwaltungen überall in der Welt auch: Die guten Leistungen sind das Normale, die Fehlleistungen das Bemerkenswerte.

Insgesamt wird man sagen können, dass Fehlentscheidungen, Korruption und andere Unzulänglichkeiten Brüssels nicht umfangreicher sind als im Durchschnitt der EU-Staaten. Hinzu kommt, dass eine internationale Behörde wie die EU-Kommission naturgemäß mehr Probleme hat als eine nationale Behörde. Schließlich darf auch eines als sicher gelten: Wenn in der europäischen Einigungspolitik Schwierigkeiten entstehen, kommen sie so gut wie nie aus Brüssel, sondern fast immer aus einzelnen EU-Staaten. Auch hierüber gab es 2003 Anschauungsunterricht.

Bei der Suche nach einer Antwort auf die Frage, wie viel Einigung Europa braucht, läge es nahe, sich gründlich mit Brüssel zu befassen. Es wäre an sich auch möglich, das gesamte Geflecht Stück für Stück unter dieser Fragestellung zu prüfen, d. h. die Entscheidungen, Richtlinien, Normen sowie Programme und anderen finanziellen Förderungen aus Brüssel darauf zu untersuchen, ob sie für die Einigung Europas wirklich nötig sind oder ob zu viel, zu wenig oder gerade genügend viel getan wird. Dafür wäre allerdings eine Analyse von einem mehrfachen Umfang dieses Buches erforderlich. Sie bliebe vermutlich auch, wie zahlreiche einschlägige Publikationen zeigen, wohl eher an der Oberfläche, und möglicherweise ginge auch die Übersicht über unsere eigentliche Fragestellung verloren. Daher wird im Folgenden von den für die europäische Einigung maßgeblichen Politiken, Strukturen und Verfahren der EU ausgegangen.

Das Europa der EU

Hierfür seien vorab die für die hiesigen Zusammenhänge wesentlichen Charakteristika des EU-Systems zusammengefasst. Für die inhaltliche Aufteilung der Politiken innerhalb der EU hat sich das Bild von drei Säulen eingebürgert. Die erste Säule umfasst den von den Anfängen bis heute gewachsenen wirtschaftlichen Bereich, die zweite die seit Maastricht zur EU gehörende gemeinsame Außen- und Sicherheitspolitik und die dritte die Zusammenarbeit in der ebenfalls seit Maastricht hinzugekommenen Rechts- und Innenpolitik (Abb. 1, S. 192).

Die wichtigsten Organe der EU sind der Rat und die Kommission, über denen der Europäische Rat der Staats- und Regierungschefs schwebt, sowie das Europäische Parlament (EP). Ferner gehören dazu (Abb. 2, S. 193) der Europäische Gerichtshof (EuGH) und der Rechnungshof sowie in beratender Funktion der Wirtschafts- und Sozialausschuss (WSA) und der Ausschuss der Regionen (AdR).

Die europäische Zusammenfassung zahlreicher Politikfelder stellt in der Geschichte der Allianzen und Staatenbünde etwas völlig Neues dar. Das kommt am stärksten in den Institutionen und Abstimmungsverfahren der EU zum Ausdruck:

- Die *Kommission* fungiert als Wächterin der Verträge, der *Gerichtshof* als Berufungsinstanz. Die Kommission hat umfassende Befugnisse (Abb. 3, S. 194). Ihre Zusammensetzung wurde im Hinblick auf die künftige EU der 27 Staaten mit dem Vertrag von Nizza (NV) geändert (Abb. 4, S. 195).
- Im *Rat* entscheiden die EU-Staaten nicht nur in der für Staatenbünde üblichen Weise mit Einstimmigkeit oder Konsens. Sie entscheiden auch mit einfacher Mehrheit und mit dem Verfahren der so genannten „qualifizierten Mehrheit", für das die Stimmen der einzelnen Staaten unterschiedlich gewichtet werden. Letzteres Verfahren wurde ebenfalls mit dem Vertrag von Nizza geändert (Abb. 5, S. 196).
- Das *Parlament* hat im Laufe der Zeit immer mehr Zustän-

digkeiten erhalten (Abb. 6, S. 197). Die Abgeordneten sind in ihm in europäischen Gruppierungen von Gleichgesinnten zusammengefasst (Zusammensetzung für die 2004 endende Parlamentsperiode Abb. 7, S. 198). Die Sitzverteilung wurde ebenfalls mit dem Vertrag von Nizza geändert (Abb. 8, S. 199).

In dem im Dezember 2003 gescheiterten Vertrag über eine Verfassung für Europa waren eine Reihe Fortentwicklungen für die Strukturen und Verfahren enthalten, mit denen eine weitere Verdichtung der Einigung Europas erreicht werden sollte. Schließlich ist noch der Haushalt der EU für die Beurteilung der Gewichtung der Aufgaben in ihr von Interesse (Abb. 9, S. 200) sowie die vier Grundfreiheiten des Gemeinsamen Binnenmarktes (Abb. 10, S. 201).

Wie viel Einigung braucht Europa?

Diese Frage stellte sich für die Europäer bisher nur in Einzelfällen oder in besonderen Situationen oder Stimmungslagen. Heute stellt sie sich unter zwei neuen und bedeutsamen Voraussetzungen: Für die Europäer ist ein uralter Traum Wirklichkeit geworden, und gleichzeitig beginnt für sie das neue Europa mit neuen Problemen. Dadurch wird diese Frage zur grundsätzlichen Frage nach der künftigen Politik der europäischen Einigung.

Die neue Lage

Der uralte Traum der Europäer war bekanntlich ein *Europa in ewigem Frieden.* Seine Grundlage war zunächst die Hoffnung auf ein friedliches Zusammenleben der Menschen als freie Bürger. Die Aufklärung hatte sie im 18. Jahrhundert geweckt. Die Entstehung der amerikanischen Unabhängigkeit (1776) und die Französische Revolution (1789) erschienen als der Beginn ihrer vollständigen Verwirklichung. Zudem entstand mit der Aufklärung die Hoffnung der Europäer auf ein Zusammenleben der europäischen Völker und Staaten in einer Ordnung, durch die das traditionelle *Recht der Macht* durch eine neue *Macht des Rechts* ersetzt werde.

Alle Gedanken und Wünsche, in Richtung der Einigung Europas, waren von den frühesten Anfängen an auf dieses Ziel gerichtet. Mit einer Einigung der europäischen Staaten und Völker untereinander sollte ein Zustand erreicht werden, in dem Interessengegensätze nicht mehr mit Waffengewalt, sondern einvernehmlich überwunden werden. Europäische Einigungspolitik war von Anfang an immer und in erster Linie innereuropäische Friedenspolitik. Der *Frieden* war das *Ziel*, die *Einigung* war das *Mittel zum Zweck*. Heute ist der Zweck erreicht, der Frieden ist gefestigt und muss gegen Gefährdungen gesichert werden. Aber er ist – was ein Segen für Europa ist – kein Ziel mehr, das erst noch erreicht werden müsste. Er ist die heute existierende reale Wirklichkeit.

Die gemeinsame europäische Politik, die zum heutigen neuen Europa geführt hat, beließ es jedoch nicht beim Friedensziel der traditionellen militärischen Art. Sie griff inhaltlich seit ihrem Anfang und im Verlauf der Jahrzehnte immer mehr über das traditionelle Leitbild vom Frieden und das mit ihm angestrebte Ziel hinaus. Durch sie und mit ihrem bisherigen Ergebnis –„Brüssel" und die übrigen Verfahren für Einigung in der EU – wurde und wird der *Friede in Europa* durch einc neue Form europäischer Gesamtpolitik gesichert. Ihr Zweck ist deutlich mehr als nur Friedenssicherung, sie ist Teil der Gesamtpolitik der EU geworden. Daraus ergeben sich gemäß der Leitfrage dieses Buches, wie viel Einigung das neue Europa braucht, zunächst zwei Vermutungen bezüglich des Verhältnisses zwischen dem Frieden in Europa und den sonstigen Zielen europäischer Politik.

Nach aller historischen Erfahrung lässt sich vermuten, dass

der heutige Zustand des Friedens in Europa auch auf andere und einfachere, nur auf das Ziel Frieden konzentrierte Weise hätte erreicht werden können. Also ohne dass es dafür des umfangreichen und nicht gerade unkomplizierten Ordnungssystems der EU bedurft hätte. Für diese Vermutung existiert zwar mangels Vergleichsmöglichkeiten keine empirische Bestätigung, doch spricht einige Wahrscheinlichkeit für sie.

Ferner lässt sich vermuten, dass es heute in Europa auch ohne eine besondere Einigungspolitik eine (zunächst westliche und heute gesamteuropäische) Einigung gäbe, die weit über die zwischenstaatlichen Verbindungen hinausginge, die in Europa vor dem Zweiten Weltkrieg bestanden hatten. Denn seither haben sich gemeinsam mit den technischen Fortschritten auch ein immer umfassenderes, grenzüberschreitendes Denken und Handeln und insbesondere auch Wirtschaften herausgebildet. Besonders gut funktionierte das zwischen industrialisierten, demokratisch und marktwirtschaftlich verfassten Staaten. Die Entwicklung hat sich in die Globalisierung von zunächst wirtschaftlichen und dann auch anderen Zusammenhängen fortgesetzt.

Das dicht besiedelte, hoch industrialisierte und marktwirtschaftlich verfasste Europa war ein geradezu idealer Raum für eine derartige Entwicklung. Sie hätte daher gewiss auch hier, wie anderswo ebenfalls, ganz allein von sich aus zu einer immer dichteren innereuropäischen wirtschaftlichen Vernetzung und mit ihr zu einer gewissen europäischen Gemeinsamkeit geführt. Diese wiederum hätte notwendigerweise Vereinbarungen, Abkommen und sonstige zwischenstaatliche Verbindungen nicht nur auf wirtschaftlichen, sondern auch auf anderen Gebieten nach sich gezogen.

Auf diese Weise wäre europäische Gemeinsamkeit nicht aus gemeinsamem europäischem Willen und mit einer von vorneherein gemeinsamen europäischen Politik entstanden. Sie wäre aus der Summe und der sachbedingten Harmonisierung nationaler wirtschaftlicher und anderer Interessen zustande gekommen. Es hätte das stattgefunden, was sich als *Selbsteuropäisierung* bezeichnen lässt. Sie findet seither auch zwischen den EU-Staaten ohne besonderes Regelwerk und unabhängig von der europäischen Einigungspolitik statt. Die EU leistet Hervorragendes. Aber es wäre eine zu enge Sichtweise zu meinen, dass alles, was es heute an positiven Wechselwirkungen in Europa gibt, allein ihr Werk sei.

Die Selbsteuropäisierung ist gewissermaßen eine europäische Variante der weltweiten Globalisierung. Für den Bereich, den sie erfasst, hat sie im Vergleich mit der Politik der EU keine gravierenden Nachteile – sie wirkt vielmehr genauso wie diese, aber eben auf andere Weise einigend. Allerdings kann eine europäische Gemeinsamkeit, die ausschließlich durch Selbsteuropäisierung entstanden ist, nur eine sehr bedingt tragfähige Basis für ambitiösere europäische politische Unternehmungen sein.

Diese Erkenntnisse lassen sich unterschiedlich einordnen und bewerten, das Entscheidende ist, dass sie aus einer eindeutigen Lage gewonnen wurden. Im neuen Europa, bzw. schon spätestens seit der Erreichung des Ziels Frieden in Europa, ist die Politik der europäischen Einigung nicht mehr ein Mittel zum Zweck im Umgang mit Krieg und Frieden. Sie hat mit dem Frieden ihr vornehmstes Ziel erreicht. Ein neues höheres Ziel von vergleichbarer Bedeutung, ein neuer Zweck, dem sie unterzuordnen wäre, ist nicht erkennbar. Die Einigung Europas und die ihr dienende Politik sind dadurch heute und künftig *Selbstzweck*. Er besteht aus der Gesamtheit der Ziele der Politik der EU. Zu ihnen gehören vorrangig die Bewahrung des Friedens in Europa und der Schutz vor Gefahren von außen, die wirtschaftliche und soziale Sicherheit für die Europäer und die Mehrung ihres Wohlstandes. Die Einigungspolitik kann daher im neuen Europa nicht mehr von einem höheren Ziel, sie muss von diesen alltäglichen Zielen her definiert, begründet, gestaltet und den Bürgern Europas vermittelt werden.

Damit ist auch das EU-System zu einem anderen und hinsichtlich seiner Zielsetzung, Bedeutung und Bewertung zu einem neuen Projekt geworden. Es hat zwar unverändert seine ganz besondere Tradition, Entwicklung und Konstruktion, aber mit Erreichen seines hohen Ziels Frieden in Europa dient es jetzt diesen sehr viel prosaischeren Zielen. Beispielsweise galt in den frühen Jahren der Einigungspolitik gelegentlich für die Durchsetzung einer Politik, die für sich genommen nicht ganz sinnvoll war, das erwähnte Argument, dies sei eben ein notwendiges Opfer „auf dem Altar Europas". Dieses Argument wäre heute nicht nur, ebenso wie damals schon, unseriös – es wäre auch nicht mehr anwendbar. Die EU muss allein daran gemessen werden, wie sie den genannten Grunderwartungen der Bürger Europas gerecht wird.

Die Reduzierung der Bedeutung der EU auf das, was sie unmittelbar für die Bürger Europas tut, wird allerdings nicht nur dadurch unterstrichen, dass sie kein höheres Ziel mehr hat. Die hier definierte Bedeutung der EU ergibt sich auch daraus, dass sie auch kein nur sie selbst betreffendes Ziel hat. Es fehlt ihr die Vision eines künftigen und endgültigen eigenen Zustandes, den sie mit ihrer Politik anstreben könnte. In den Präambeln der europäischen Verträge und an anderen Plätzen kühner Unverbindlichkeiten finden sich zwar große und weitreichende Ankündigungen, aber zu der vergleichsweise simplen Frage, welche endgültige Gestalt das geeinte Europa annehmen solle, bleibt alles offen. Hier gab es schon vor dem Beginn des neuen Europas keine Zielvorstellung, die über allgemeine Floskeln hinausgegangen wäre.

In den 50er und 60er Jahren (und auch noch später) fand gelegentlich immer wieder mal eine unverbindliche Diskussion über die so genannte *Finalität* der Einigung Europas statt, die zu analysieren versuchte, welcher Endzustand für die Einigung Europas und die EU bzw. ihre Vorgängerorganisationen anzustreben sei. Sie führte zwar zu einigen sehr konkreten Meinungsäußerungen, aber keine von ihnen wurde zum Allgemeingut der EU-Politik. All diese Vorstellungen lassen sich in zwei prototypischen Zielvorstellungen zusammenfassen: die von einem *Bundesstaat* und einem *Staatenbund*.

Die besagte Diskussion ist allerdings seit langem abgeebbt. Es gibt diesbezüglich zwar immer noch gelegentliche Wortmeldungen, doch sind sie kaum noch Teil des für die EU-Politik maßgeblichen Diskurses in EU-Europa. Immerhin aber bleiben der Bundesstaat und der Staatenbund zwei allgemein verständliche prototypische Grundmodelle, anhand derer sich als theoretische Handreichung darstellen lässt, wie das künftige Europa – sagen wir in der Mitte unseres Jahrhunderts – etwa aussehen könnte.

Es könnte ein *Bundesstaat Europäische Union* sein, in dem die Teilstaaten das Staatsoberhaupt sowie Recht, Regierung, Parlament, Währung, Armee einheitlich gemeinsam hätten. In dieser Union würden auch alle staatlichen Funktionen gemeinschaftlich von den Mitgliedstaaten und immer mehr durch von ihnen geschaffene Organe ausgeübt. Eine ihrer zahlreichen Sprachen würde für alle Bürger der Union verbindliche Amts- und Verkehrssprache sein. Auf diese Weise entstünde ein Europa, in dem die Europäer so zusammenleben würden, wie sie heute in ihren jeweiligen Staaten leben, nur in einer viel größeren und auch sehr viel besseren gemeinsamen europäischen Ordnung.

Oder das künftige Europa könnte ein *Staatenbund Europäische Union* sein, der dank der kontinuierlichen Renationalisierung der von seinen Mitgliedstaaten betriebenen Politik immer mehr aufgelockert wäre, bis hin zu einem immer weniger geordneten Konglomerat von Staaten, Regionen und anderen politischen Einheiten und Kräften. Bis sich wieder die längst vergessene Frage stellen würde, ob die innere Sicherheit Europas ohne Waffengewalt erhalten werden kann.

Beide prototypischen und dementsprechend abstrakten Modelle für ein künftiges Europa skizzieren zusammen die Dimension der Politik der europäischen Einigung. Das erste

Modell ist ein reines Truggebilde. Das Zweite zeigt, was es zu verhindern gilt. Die Politik der EU liegt zwischen diesen beiden Extremen. Jedoch hat sie keine Konturen, die auch nur annähernd so deutlich wären wie die der beiden Modelle. Es ist nicht erkennbar, in welche Richtung sie sich langfristig bewegen könnte. Vielmehr besteht zwischen den EU-Staaten seit längerem ein informelles, aber festes und zweifellos auch realistisches doppeltes Einvernehmen anderer Art.

Einmal wird von ihnen die EU mit Recht nicht als eine Allianz, ein Staatenbund oder als sonst etwas Bekanntes verstanden, sondern als ein Zusammenschluss besonderer und einmaliger Art. Für ihn hatte man in den frühen Jahren der Einigungspolitik die Bezeichnung *Gemeinschaft* gefunden, die in den 35 Jahren ihrer Verwendung vertrauensvolle Gemeinsamkeit ausstrahlte. Mit dem ehrgeizigen Vertrag von Maastricht (EUV) wurde dann zwar ein alle Lebensbereiche erfassendes Gesamteuropa anvisiert, aber man erfand für diesen Zusammenschluss die Bezeichnung *Union.* Es bedarf keiner Erläuterung, dass es kaum möglich gewesen wäre, einen noch allgemeineren, noch vielfältiger verwendbaren und insgesamt noch weniger sagenden Namen zu finden.

Er hat jedoch den Vorteil, dass sich unter Europäische Union jeder Europäer das Europa vorstellen kann, das ihm am besten gefällt. Das ist nichts Ungewöhnliches, sondern eher ein typischer Teil der Politik-Gestaltung in der EU. Denn zu ihr gehört eben, wie erwähnt, die Verwendung vollmundiger Begriffe, hinter denen wenig oder kein Inhalt steckt, wie etwa bei den Begriffen *Stabilitätspakt*, *Wirtschafts- und Währungsunion*, *Europäische Verteidigungspolitik* usw. Doch davon später.

Ferner gibt es in der EU keine verlässlich präzise Charakterisierung der Einigungspolitik, die von ihr bzw. von ihren Mitgliedern mit ihr verfolgt würde. Und es gibt schon gar nicht einen Plan, dem die Politik folgen würde. Es gibt ihn nicht, da es ihn nach der Einstellung der EU-Staaten zur europäischen Einigung einfach nicht geben kann. Daher besteht in der EU Einverständnis darüber, dass ihre Politik ein *Prozess* ist. Das Verständnis der EU-Staaten von der Politik, die sie in und mit der EU verfolgen, lässt sich am besten mit der bekannten Krönungsformel aller Unverbindlichkeit benennen: *Der Weg ist das Ziel.* Die Politik der Einigung Europas ist also mit dem Ziel *Union* und dem Verfahren *Prozess* an zwei Begriffen festgemacht, die beide hinsichtlich ihres Gehalts ohne Schwierigkeiten je nach Lage wandelbar sind. Die Markenzeichen der europäischen Einigungspolitik sind Undefiniertheit und Flexibilität.

Diese Unverbindlichkeit ist in der EU angesichts mancher Schwierigkeiten im Grundsätzlichen bewusst gewollt. Sie hat im Übrigen immer in dem Maße zugenommen, in dem sich die Zahl der EU-Mitgliedstaaten erhöht hat. Denn auch für die EU gilt trotz ihrer besonderen Tradition und Konstruktion das für alle internationalen Organisationen geltende Gesetz vom Verhältnis zwischen Umfang und Zusammenhalt. Je größer eine Organisation ist, umso lockerer ist in ihr der Zusammenhalt. Auch in der EU wird sich der Zusammenhalt nach ihrer jüngsten Vergrößerung eher lockern als verstärken.

Schließlich muss in die Betrachtung der Ausgangsposition für die Politik im neuen Europa noch das Ende des Kalten Krieges einbezogen werden. Die Vorläuferorganisationen der EU und die EU selbst waren Produkte des Kalten Krieges, sie waren als integraler Teil des Westblocks entstanden. Alle damaligen Mitglieder waren und sind bis heute, mit Ausnahme Irlands, ebenfalls Mitglieder der NATO. Der Westblock und die in ihm sich vollziehende westeuropäische Einigung wurden durch die Bedrohung des Sowjetblocks und des Kommunismus fest zusammengehalten. Europäische Einigung meinte damals in erster Linie gemeinsames Zusammenstehen gegenüber dieser Bedrohung von außen. Sie meinte in zweiter Linie gemeinsame Behauptung gegenüber den USA als der übermächtigen Führungsmacht des Westblocks. Erst in dritter Linie hatte die Idee der Einigung Europas als solche Bedeutung. Mit dem Ende des Kalten Krieges setzte eine Renationalisierung der Politik der EU-Staaten ein, die bis heute andauert, und mit der eine Auflockerung der gesamten EU-Politik einhergeht.

Kurz, das neue Europa beginnt mit einer EU, deren Mitgliedstaaten nicht auf eine feste europäische Zielsetzung festgelegt sind. Ihr Ordnungssystem dient heute vornehmlich der Durchsetzung partikularer Ansprüche ihrer Mitglieder. Dieser Beurteilung wird mancher Adept der EU und mancher Euro-Fanatiker und Euro-Romantiker nicht zustimmen wollen. Wer aber die bisherige Entwicklung der Europapolitik und den derzeitigen Stand der europäischen Dinge aufmerksam durch eine scharfe Linse betrachtet, kann schwerlich zu einem anderen Ergebnis kommen. Gewiss, es gab auch immer schon bessere Zustände der europäischen Einigungspolitik, doch häufig wurde dabei der durch den Kalten Krieg ausgeübte Zwang zur Gemeinsamkeit als unabhängig entstandener Wille zur Einigung missverstanden.

Es wäre ein fataler Irrtum, wollte man an der Schwelle zum neuen Europa die EU anders sehen, als sie tatsächlich ist. Die Europäer wollen definitiv keine Kriege mehr untereinander. Sie wissen die vielen Vorteile, die ihnen die Einigung bisher gebracht hat, zu schätzen. Sie haben nicht mehr, aber auch nicht weniger als die hier genannten Erwartungen an die EU. Doch sie sind misstrauisch gegenüber Teilen der europäischen Politik, von denen sie eine Beeinträchtigung ihrer Eigenart befürchten. Das gilt insbesondere, wenn großen oder vielleicht gar nur als groß dargestellten Zielen individuell Wichtiges untergeordnet werden soll.

Das Verständnis der europäischen Einigung war im Kalten Krieg historisch überhöht worden, um ihre banalen Anlässe und Motive zu schönen. Für die heutigen Europäer ist das so unwichtig, wie der Kalte Krieg für sie Vergangenheit ist. Die

Europäer erwarten von der Einigung Europas nichts historisch Wertvolles oder sonst wie Erhabenes. Sie erwarten von der Einigung nicht mehr, aber auch nicht weniger als ein besseres und sichereres persönliches Leben. Für die Bürger der neuen Mitgliedstaaten der EU gilt das, was verständlich ist, noch eindeutiger, unbefangener und energischer als für die der alten EU-Staaten.

Diese Wünsche grundieren die heutige europäische Einigungspolitik. Sie bestimmen die Politik der EU, denn die Regierungen und Parlamente der EU-Staaten müssen ihnen mehr oder weniger zwangsläufig folgen. Die EU unterscheidet sich hinsichtlich der Motivierung ihrer Mitgliedstaaten und deren Bürger in nichts von anderen internationalen Organisationen. In gewisser Weise ist sie eine normalere Organisation als ihre Vorgängerorganisationen, in denen einige weitreichende abstrakte Vorstellungen lebendig waren. Die Antwort auf die Frage, wie viel Einigung Europa braucht, kann allein schon von dieser Ausgangslage her nur lauten: sicher so viel, wie direkt dem Wohle der europäischen Bürger dient, aber auch kaum mehr.

Die neue Politik

In dieser neuen Lage sollte die Verbesserung des gemeinsamen Umgangs der EU-Staaten mit dem Ordnungssystem der EU eindeutigen Vorrang haben. Auf für die fernere Zukunft angenommene übergeordnete und üblicherweise als historisch deklarierte Zielsetzungen sollte endgültig verzichtet werden. Sie wären unter den derzeitigen Bedingungen ohnehin nicht erreichbar. Europa braucht jetzt eine Politik in einem politisch erfassbaren und zeitlich überschaubaren Bereich, eine Politik für die Gegenwart und eine überschaubare Zukunft – einschließlich der vernünftigen Berücksichtigung ihrer Auswirkungen in fernerer Zukunft. Im neuen Europa ist eine bescheidenere bzw. nüchternere Sicht auf die Einigung erforderlich. Die europapolitische Sichtweise muss der erwähnten Sichtweise der Bürger folgen, sie muss sozusagen „herabgenüchtert" werden. Nicht mehr Einigung für eine ferne Zukunft, sondern zukunftsfähige Einigung im Hier und Jetzt ist das Gebot der Stunde.

Damit bedarf es auch für die Beurteilung der europäischen Einigungspolitik neuer Kriterien, bzw. sind bestehende Kriterien neu zu gewichten. Die Frage, wie viel Einigung Europa braucht, ist heute mehr als eine quantitative Frage, die vielleicht auf ein bisschen mehr hier und ein bisschen weniger dort zielen würde. Sie ist im hiesigen Sachzusammenhang die Frage nach dem Ordnungssystem der EU als solchem und seiner Arbeit. Das EU-System ist heute und künftig zu allererst danach zu beurteilen, wie es dem hier zitierten Wunsch und Willen der Bürger Europas folgend deren Wohl und dem Wohle Europas insgesamt hier und jetzt zukunftssicher dienen kann.

Das Ordnungssystem der EU sollte von seinen Trägern sehr viel mehr als bisher als ein System verstanden werden, dessen vornehmste Funktion die Förderung der Selbsteuropäisierung Europas sein müsste. Vor 25 Jahren waren die Deutschen von Willy Brandt aufgefordert worden, mehr Demokratie zu wagen. Heute sollten die Europäer mehr Europa wagen. Die Einigung Europas kann von oben, durch die EU, gefördert werden. Wirklich zustande kommen kann sie nur von unten durch die Europäer selbst. Mehr Europa zu wagen kann daher nicht bedeuten, mit immer mehr Regeln immer mehr Bürger zu immer mehr zu verpflichten.

Gemeint ist, die Idee der Einigung für die Bürger neu zu beleben. Sie muss in ihrer ursprünglichen Bedeutung als Verpflichtung zu friedlichem Zusammenleben und zum Ausgleich reaktiviert werden. Diese Verpflichtung bedeutet sehr viel mehr als den Verzicht auf Kriegsführung. Sie muss in allen europäischen Bereichen zur Richtschnur des Handelns gemacht werden, mehr als bisher aus den Verhandlungsräumen, Konferenzsälen und Studierstuben zu den Bürgern gebracht werden. Die Einigung kann, kurz gesagt, nicht nur von der Vereinheitlichung wirtschaftlicher Normen leben. Sie braucht auch den Ansporn über Herz und Verstand.

Allerdings müssen sich die Europäer in einem EU-System zurechtfinden, das eine inzwischen kaum noch überschaubare Menge an Zielen, Absichten, Interessen, Wünschen, Befürchtungen, Traditionen, Verfahren, Regelungen und vielem mehr aufweist. Die Voraussetzungen hierfür sind in den 25 EU-Staaten oft sehr unterschiedlich, deshalb wird der Weg der EU gerade im neuen Europa weiterhin und wahrscheinlich mehr noch als bisher beschwerlich sein. Es gibt aber gute Gründe dafür, ihn auch nach Erreichung des inneren Friedens in Europa mit der EU weiter zu gehen.

Zu ihnen gehört die Beurteilung, dass der Friede in Europa unter den bestehenden Umständen auf Dauer nur auf diesem Wege zu sichern ist. Ferner gibt es die Beurteilung, dass in Europa kein politisches Vakuum durch eine zu starke Reduzierung oder gar Beschädigung des EU-Systems entstehen dürfe. Beiden Beurteilungen ist zuzustimmen, denn die Sicherung des Friedens in Europa ist für die Europäer ja kein gesondertes Thema mehr, sondern Teil der europäischen Gesamtpolitik der EU. Damit ist die Sicherung des Friedens an das Schicksal der Gesamtpolitik der EU gebunden.

Schließlich lassen sich noch zwei Grundfragen stellen: Erstens die Frage, warum denn die Politik der europäischen Einigung fortgeführt werden müsse, wenn doch ihr Friedensziel erreicht sei, und Europa sich also eigentlich auch ohne eine besondere Organisation friedlich und ganz normal fortentwickeln könne. Das heißt, wären die genannten Erwartungen der Europäer nicht auch auf einfachere Weise zu erfüllen? Nun wird zwar die Fortführung der Einigungspolitik von niemand Vernünftigem infrage gestellt, gleichwohl ist diese Frage aber als systematische Frage legitim. Die Antwort ist, dass die Einigung ein Stadium erreicht hat, in dem sie noch nicht genügend gefestigt ist.

Das System der EU ist heute immer noch labiler und für Störungen und Schwächungen anfälliger, als das im Kalten Krieg der Fall war, in dem es durch die Bedrohung von außen wie durch ein Korsett zusammengehalten wurde. Zudem ist mit dem Kalten Krieg auch dessen Systematik der bipolaren militärischen und vor allem nuklearen Balance zwischen Ost und West verschwunden, das auf seine besondere Weise Europa Sicherheit gegeben hatte. Heute ist die Gesamtpolitik der EU das einzige wirksame System für die Sicherung des Friedens in Europa. Alle Erfahrungen zeigen, dass einmal festgelegte und dann sich selbst überlassene stationäre Sicherheitssysteme meistens versagt haben oder nicht von langer Dauer waren. Hingegen kann das System einer Friedenssicherung als Prozess, wie hier als Teil des EU-Prozesses der Einigung, durchaus wirksam sein und Bestand haben. Es ist im Übrigen eine in mehrfacher Hinsicht wichtige Herausforderung für die EU, dass das neue Europa zeitgleich mit dem tatsächlichen Ende der Strukturen des Kalten Krieges beginnt.

Zweitens ist auch unsere Leitfrage, wie viel Einigung Europa braucht, zweifellos eine Grundfrage. Die Antwort ist, dass hier keine freien Wahlmöglichkeiten existieren. Es kann immer nur darum gehen, das EU-System so zu handhaben, dass die notwendige Einigung erreicht und unnötige Einigung vermieden bzw. beendet wird. Es werden im neuen Europa fast zwangsläufig neue Wege der Einigung gefunden werden müssen. Aber gleichzeitig darf der Weg des EU-Systems im neuen Europa aus den genannten Gründen keine zu radikalen Wendungen nehmen. Es dürfen auf die sich stellenden Fragen keine zu radikalen Antworten gesucht werden. Kurz, für das neue Europa ist kein neuer Politikentwurf erforderlich, sondern ein neuer Umgang mit der Politik der Einigung Europas. Für seine Gestaltung und Überprüfung ist unsere Grundfrage gewissermaßen als Lackmuspapier verfügbar.

Die neuen Probleme

Zu den Problemen der Anpassung des EU-Systems an die neuen Gegebenheiten nach dem Ende des Kalten Krieges und seit dem Irak-Krieg von 2003 kommen gravierende weitere hinzu, die durch das epochale Ereignis der EU-Erweiterung entstanden sind. Zunächst aber haben sich die Europäer durch die Erweiterung der EU endlich zusammengefunden. Ihre lange gemeinsame Geschichte war vornehmlich nicht durch Gemeinsamkeit, sondern durch Auseinandersetzungen und Teilungen und zuletzt durch 60 Jahre erst heißen und dann kalten Krieg gekennzeichnet gewesen. Nun haben sie sich mit ihren 25 östlichen und westlichen Staaten im Europa der EU zusammengeschlossen. Das Ordnungssystem der EU mit allen seinen Grundsätzen, Rechten und Pflichten und mit seinen Verfahren und Regeln ist nun das gemeinsame System dieser 25 und später noch mehr Staaten des neuen Europas und ihrer Bürger. Sie haben es gemeinsam zu tragen, zu nutzen und zu gestalten.

Jedoch fanden die Europäer bekanntlich zu ihrer neuen Gemeinsamkeit keineswegs in flinker Leichtigkeit und freudiger Harmonie. Man hatte sich zwar in Ost und West aus partikularen wirtschaftlichen und anderen Interessen, aber auch guten übergeordneten Gründen und in europäischem Verantwortungsbewusstsein zügig für das neue Europa entschieden. Doch auf dem letzten entscheidenden Stück des Weges überwogen in seinen beiden östlichen und westlichen Teilen Zweifel, Skepsis und Besorgnis. Im Osten sah man Besitzstände und Gewohnheiten gefährdet, die unter inzwischen überholten Umständen entstanden waren. Im Westen befürchtete man zusätzliche Kosten und Konkurrenz. In diese Empfindungen mischten sich zusätzlich noch einige Vorurteile. Die Vorbereitungen auf die Gemeinsamkeit verschleppten sich. Ein halbes Jahr vor dem In-Kraft-Treten der Erweiterung hatte kaum einer der Beitrittsstaaten die Voraussetzungen für den Beitritt wirklich vollständig erfüllt.

So erwies sich schon zu Beginn das gemeinsame neue Europa als schwieriger, als es sich mancher zuvor vorgestellt hatte. „Europa lässt sich nicht mit einem Schlag herstellen und auch nicht durch eine einfache Zusammenfassung. Es wird durch konkrete Tatsachen entstehen, die eine Solidarität der Tat schaffen." Diesen Hinweis hatte schon am 9. Mai 1950 der damalige französische Außenminister Robert Schuman gegeben, als er den Vorschlag zur Schaffung der Europäischen Gemeinschaft für Kohle und Stahl (EGKS) verkündete, mit der die heutige europäische Einigungspolitik begann. Die Notwendigkeit einer „Solidarität der Tat" ist heute noch aktueller als sie damals war. Denn die 25 Staaten des neuen Europas und ihre Bürger sind jetzt durch das System der EU rechtlich und politisch zusammengefasst, aber sie sind noch nicht geeint.

Der vermutlich wichtigste Ausgangspunkt für alle Zukunftsüberlegungen des neuen Europas dürfte die Frage sein: Wie werden in der jetzigen neuen EU deren 25 Mitgliedstaaten mit ihren rund 450 Millionen Bürgern, und in der künftig deutlich größeren EU noch mehr Staaten mit noch mehr Bürgern mit ihrem EU-Ordnungssystem umgehen? Eine verlässliche Antwort kann derzeit nicht gefunden werden. Gegenwärtig ist nur klar, dass man von den alten EU-Staaten weiß, wie sie mit dem System umgehen, die neuen EU-Staaten in dieser Hinsicht aber unbeschriebene Blätter sind. Die einzige wirkliche und daher besonders wichtige Antwort, die augenblicklich gefunden werden kann, ist die, dass offen ist, was geschehen wird.

Sicher ist hingegen, dass das künftige System der EU sich nicht wesentlich von ihrem bisherigen System und grundsätzlich auch nicht von allen anderen internationalen Systemen unterscheiden wird. Die Staaten und ihre Regierungen und Bürger, die es tragen, werden es nicht nur erhalten und immer mehr festigen und verbessern, sondern auch einschränken und sogar zerstören können. Das System kann sich nach aller historischen Erfahrung auch als Folge von politischem Fehlverhalten einfach beenden. Es kann sich entweder immer mehr abschwächen und sich schließlich sogar einfach auflösen, oder sich immer mehr ausdehnen und letztlich durch Überdehnung bzw. Überanstrengung einfach in sich zusammenfallen.

Gewiss sollte man das EU-System nicht einfach mit irgendeinem Staatenbund oder irgendeiner Allianz vergleichen, wie sie in den letzten zwei Jahrhunderten in der Welt und insbesondere auch in Europa immer wieder entstanden und meistens auch wieder verschwunden sind. Zweifellos ist die EU etwas historisch, politisch und rechtlich völlig Neues, das sich in den letzten 50 Jahren gut entwickelt hat. Man sollte aber vielleicht nicht ganz die historische Erfahrung aus dem Auge verlieren, dass in der Neuzeit europäische Ordnungssysteme im Allgemeinen nie sehr viel länger als rund 50 Jahre wirksam geblieben sind. Beispiele hierfür sind das europäische System des Wiener Kongresses von 1815, die von Bismarck (1815–1898) geprägte europäische Staatenordnung, der vorwiegend europäische Völkerbund von 1920, die 1947 gegründete und inzwischen still entschlafene Westeuropäische Union (WEU), der von der Sowjetunion geschaffene Ostblock und möglicherweise auch die von den USA geschaffene NATO. Aus diesen Erfahrungen lässt sich zumindest eine nützliche Erkenntnis ableiten: Im neuen und größeren Europa sollte in der europäischen Einigungspolitik die solide Fundierung und Sicherung der Einigung Vorrang vor ihrer thematischen und geografischen Ausdehnung haben. Die genannten Beispiele sind auch Beispiele für internationale Systeme, denen mehr aufgebürdet wurde, als sie tragen konnten.

Ferner wäre es falsch zu glauben, die EU habe sich nur einfach mengenmäßig vergrößert, so dass man mit ihr im Grunde so weitermachen könne wie bisher. Und noch abwegiger ist die zu hörende Auffassung oder Hoffnung, die von den Osteuropäern gewünschte und viel zitierte *Rückkehr nach Europa* könne sich mehr oder weniger so gestalten wie die Heimkehr der Ostdeutschen in das geeinte Deutschland. Das ist ein doppelter Irrtum. Einmal sind bekanntlich auch bald 15 Jahre nach der Rückkehr der Ostdeutschen in das gemeinsame deutsche Haus die mit diesem Ereignis verbundenen Probleme immer noch alles andere als gelöst. Und zum anderen wird ein Vergleich des Zusammenschlusses von Staaten und Völkern mit der Wiedervereinigung eines einzelnen Volkes der Bedeutung und der Komplexität der europäischen Einigung nicht gerecht.

Die Formen der Gestaltung der künftigen gemeinsamen Politik in der vergrößerten EU des neuen Europas lassen sich bisher nur vermuten. Wahrscheinlich werden die alten (westlichen) Staaten und Bürger und die neuen (östlichen) Staaten und Bürger der EU zunächst zu einigen Fragen und Problemen recht unterschiedliche Beurteilungen, Meinungen und Stellungnahmen einbringen. Doch werden sie alle gemeinsam sehr schnell und so endgültig, wie dies in der Politik möglich ist, Einvernehmen über die beiden bekannten grundsätzlichen Erfordernisse ihrer gemeinsamen Politik im neuen Europa herstellen müssen: Mit welcher Politik kann der Frieden in Europa am besten erhalten und dem Wohl der Europäer am besten gedient werden?

Für eine Antwort, d. h., für die hierfür zu definierende künftige Politik werden sich die Europäer und ihre Parlamente und Regierungen vorrangig über vier Fragen klar werden müssen:

- Sie werden entscheiden müssen, wo für die gemeinsame Einigungspolitik die inhaltlichen und geografischen Grenzen liegen sollen.
- Sie werden deutlicher als bisher darüber befinden müssen, welche Politiken in Europa europäisch und welche nationalstaatlich gestaltet werden sollen und welche Politiken vielleicht hinsichtlich ihrer Gestaltung noch bis auf weiteres auf die eine oder andere Weise in Fluss bleiben sollen.
- Sie werden die alte, inzwischen schon fast ganz vergessene,

aber nach der Einbeziehung ganz Europas in die Einigungspolitik sich eben doch wieder stellende Frage aufnehmen müssen, mit welchem grundlegenden inhaltlichen und formalen Ziel die europäische Einigungspolitik fortgesetzt werden soll.

– Sie werden die bisher noch offene Frage prüfen müssen, welchem Weg das neue Europa in der internationalen Politik folgen solle.

Im umfangreichen Fragenkomplex der europäischen Einigungspolitik sind das die zentralen Fragen zur Zukunft der EU und der Einigung Europas. Sie lassen gleichzeitig erkennen, was das neue Europa für die Fortführung dieser Politik unter veränderten Umständen braucht, und welche weitere Einigung für Europa nötig ist. Sie lassen vermuten, wo die Einigung vielleicht nicht unbedingt so wie bisher fortgeführt werden muss. Und schließlich besteht zu unserer zusammenfassenden Leitfrage, wie viel Einigung das neue Europa braucht, die Gewissheit, dass für die künftige europäische Politik bereits vieles vorgegeben und vieles auch festgeschrieben ist, dass aber auch viel Neues und dass vor allem viel mehr Neues als bisher möglich ist.

Allerdings gestaltet sich jeder Versuch, eine Antwort auf diese Leitfrage zu finden, schwierig. Denn ihre beiden zentralen Begriffe *Einigung* und *Europa* sind, wie sich das auch schon in diesem einführenden Überblick über unser Thema herauskristallisierte, nicht eindeutig und allgemein gültig definiert, und über sie, ihre Bedeutung, ihre Möglichkeiten und Risiken gehen in Europa die Meinungen sehr auseinander. All das legt die Vermutung nahe, dass das geeinte Europa noch für geraume Zeit mehr Ziel als Wirklichkeit sein wird. Grund genug, Hoffnung in der Einschätzung von Konrad Adenauer zu suchen. Ihm zufolge war das geeinte Europa zunächst ein Traum von wenigen, wurde dann zu einer Hoffnung von vielen und ist heute eine Notwendigkeit für alle Europäer.

Alles bisher Gesagte und auch die nachfolgende Analyse muss natürlich auch vor dem Hintergrund des dreifachen europapolitischen Desasters des Jahres 2003 gesehen und beurteilt werden. Es war kein Menetekel für die Politik der Einigung Europas, aber ein deutliches Signal und auch eine Warnung in Bezug auf drei Kernbereiche der europäischen Einigungspolitik und für diese Politik insgesamt. Das Irak-Debakel warf ernste Fragen zur Europäischen Außen- und Sicherheitspolitik und zum Weg Europas in der Weltpolitik auf. Das Euro-Debakel stellte diese Währung und das Projekt einer Wirtschafts- und Währungsunion infrage. Das Verfassungs-Debakel schuf eine schwierige Lage im Gesamtsystem der EU. Mit allen drei Ereignissen drängt sich noch mehr als vorher die Frage nach den Auswirkungen der Erweiterung der EU auf.

Für den nachfolgenden Versuch einer Antwort auf die umfassende Frage, wie viel Einigung Europa braucht, werden zunächst die zwei wichtigsten Grundlagen für die künftige Europapolitik erörtert: der Einigungsprozess und die für ihn maßgeblichen Interessenlagen. Anschließend werden die wichtigen kulturellen, gesellschaftlichen und geografischen Grenzen thematisiert, die für die Einigung Europas vorgegeben sind. Dabei wird besonderer Raum denjenigen Themen eingeräumt, die Gegenstand des Desasters von 2003 waren und gleichzeitig Kernthemen der europäischen Einigungspolitik sind: der Erweiterung der EU und dem Euro. Die Analyse endet mit einem Blick auf die gemeinsame Außen- und Sicherheitspolitik der EU und Europas Möglichkeiten in der Weltpolitik.

Der Einigungsprozess

Er vollzieht sich in der EU auf zwei Wegen: Einmal durch die Entscheidungen der EU-Staaten, welche nationale Politiken oder Teile von ihnen sie in ihre gemeinsame europäische Politik einbeziehen wollen. Und zum anderen durch ihre Entscheidungen, *wie* sie diese Politiken gemeinsam *gestalten* wollen. Jeder der beiden Wege bietet zwei Möglichkeiten: der erste die der thematisch eingeschränkten oder umfangreichen Einigung, der zweite die der zwischenstaatlichen oder der überstaatlichen Einigung, d. h. entweder ohne oder mit der Aufgabe von nationaler Souveränität durch die Mitgliedstaaten. Der erste Weg verdeutlicht sich am besten aus dem bisherigen Einigungsprozess, der zweite aus den Mechanismen, mit denen die EU-Staaten den Einigungsprozess steuern.

Der bisherige Einigungsprozess

Er entwickelte sich in drei Phasen. Die erste Phase umfasste die vier Jahrzehnte von den fünfziger Jahren bis zur Gründung der EU (1993). Die zweite Phase war eine Zwischenphase, die vom Ende des Kalten Krieges bis zum 11. September 2001 und seinen Folgeerscheinungen und gleichzeitig von der Gründung der EU bis zu ihrer jüngsten Erweiterung reichte. Mit Letzterer ist die EU in ihre dritte und, wie anzunehmen ist, endgültige Phase eingetreten.

Die erste Phase begann 1952 mit der Gründung der „Europäischen Gemeinschaft für Kohle und Stahl" (EGKS), der so genannten „Montanunion", durch Belgien, Deutschland, Frankreich, Italien, Luxemburg und die Niederlande. Aus heutiger Sicht bleibt von aktueller Bedeutung, dass ihrer Gründung in Westeuropa eine Auseinandersetzung darüber vorangegangen war, ob man mit der EGKS dem von Frankreich gewiesenen Weg der *engen Einigung* unter *Wenigen* gehen, oder ob man dem von Großbritannien bevorzugten Weg der *lockeren Einigung* von *Vielen* mithilfe des Europarates folgen sollte. Das Ergebnis war der Weg der wenigen Sechs zu der EU der 25 Mitgliedstaaten.

Seine ständigen Begleiter waren und sind bis heute Auseinandersetzungen über *großen* oder *kleinen* Kreis von sich einigenden Staaten, über ihren eher *lockeren* oder eher *festen* Zusammenschluss, über eine Priorität der *Erweiterung* oder der *Vertiefung* der Einigung, über eine eher inhaltliche *Gesamteinigung* oder eine eher *partielle Einigung* über einzelne Themen, über eine einheitlich feste *Einigung aller Staaten* oder die Bildung eines festen *Kerns* durch nur einige von ihnen. All diese immer wiederkehrenden Argumentationen und Diskussionen waren schon in der ersten Stunde des insofern sehr alten heutigen Einigungsprozesses angelegt.

Unmittelbar nach der Gründung der EGKS/Montanunion versuchten die sechs Gründerstaaten einen weiten und qualitativ kühnen politischen Sprung nach vorne. Sie begannen mit der Gründung einer streng überstaatlich konzipierten „Europäischen Politischen Gemeinschaft" (EPG) und einer gleichartigen „Europäischen Verteidigungsgemeinschaft" (EVG), die sogar mit einer einheitlichen europäischen Armee ausgestattet sein sollte. Beide Projekte waren selbst in der damaligen europäischen Aufbruchsstimmung zu ehrgeizig. Sie scheiterten 1954. Aus heutiger Sicht bleibt die Reaktion der sechs Staaten interessant, denn sie nahmen, was ihren festen gemeinsamen Willen demonstrierte, sofort einen neuen Anlauf. Nun sollte die Einigung nicht in erster Linie politisch und schon gar nicht militärisch, sondern vor allem auf wirtschaftlichem Gebiet vorangebracht werden. Damit wurde eine wichtige und bis heute nachwirkende Vorentscheidung darüber getroffen, wie und auf welche Art europäische Politik gemeinsam gestaltet werden solle.

1958 wurden die Montanunion, die Atomgemeinschaft Euratom und die Wirtschaftsgemeinschaft zur „Europäischen Wirtschaftsgemeinschaft" (EWG) zusammengeschlossen. Damit war die inhaltliche und formale Grundlage der heutigen EU gelegt. 1965 fusionierten die drei Teile der EWG zur „Europäischen Gemeinschaft" (EG). Die damals für sie gefundene Grundstruktur mit Rat, Kommission, Gerichtshof und später Parlament ist bis heute unverändert, hat sich also offenkundig bewährt.

Diese – aus heutiger Sicht – mythische Urphase der europäischen Einigungspolitik mit ihren radikalen, umfassenden und teilweise auch recht schlichten Vorstellungen gilt den meisten Euro-Fanatikern und Euro-Romantikern immer noch als das Eigentliche, das Richtige und damit als das, was wieder belebt werden müsste. Es sollte aber nicht übersehen werden, dass diese Anfänge der Einigungspolitik kaum fünf Jahre gedauert haben, dass sie aus heutiger Sicht eine besondere und in sich abgeschlossene Periode darstellen, und dass sie inzwischen seit fast einem halben Jahrhundert hinter uns liegen. Nicht was damals entstand, sondern das seither entstandene *Jetzige* ist das heute einigungspolitisch *Normale.*

Mit der EWG und der EG sollte die europäische Einigung gewissermaßen auf doppelte Weise zustande kommen. Einmal sollte durch Sicherheit und Wohlstand Einigung erreicht werden, und zum anderen sollten durch Einigung Sicherheit und Wohlstand geschaffen werden. Dieser ursprüngliche Doppelklang hat in der Europapolitik zu der besonderen und für sie typischen Mischung aus Interessen und Visionen geführt – er ist bis heute sozusagen ihr Kammerton. Konkret sollten Wohlstand und Einigung durch die Errichtung eines gemeinsamen europäischen Marktes entstehen. Für diesen sollten Zölle und andere Handelshemmnisse abgebaut und gemeinsame Marktregeln aufgebaut werden. 1970 wurde der Versuch unternommen, eine umfassende „Wirtschafts- und Währungsunion" (WWU) in Gang zu setzen. Sie scheiterte jedoch kläglich.

Erst 1987 wurde es möglich, dem Projekt des gemeinsamen Marktes mit dem Vertrag „Einheitliche Europäische Akte" (EEA) einen wirklichen Schub zu geben. Die EEA postulierte, dass ein bis 1992 zu vollendender *Gemeinsamer Binnenmarkt* von *vier Freiheiten* getragen werden sollte: von der Freiheit zur Produktion und Handel und den Freiheiten für Personen, Dienstleistungen und Kapital (Abb. 10, S. 201). Dieses Projekt beherrschte von da an das Geschehen in der EG/EU. Der Markt kam an sich gut voran, war aber bis zur Jahrhundertwende in einigen Einzelheiten immer noch nicht vollständig verwirklicht. Das veranschaulicht einmal mehr, dass der Einigungsprozess alles andere als ein flinker Lauf über eine kurze Strecke ist.

Ferner wurde mit der EEA die wirtschaftliche Kooperation locker mit der außenpolitischen Kooperation zusammengefügt, die die EG-Staaten ab 1970 und zunächst außerhalb der EG unter der Bezeichnung „Europäische Politische Zusammenarbeit" (EPZ) begonnen hatten. Das war der erste Schritt in die umfassendere Thematik, die dann 1993 mit dem Vertrag von Maastricht über die europäische Union (EUV) aufgeblättert werden sollte. Bis 1993 war im Westblock des Kalten Krieges die militärische Sicherheit keine europäische Angelegenheit. Sie war ja durch die NATO, sprich durch die USA, gewährleistet.

Westeuropa, einschließlich der neutralen Staaten, lebte in einer *Pax Americana.* In ihr war die EG kein nennenswerter Machtfaktor, sie blieb immer dem entscheidenden Machtfaktor NATO nach- bzw. untergeordnet. Ihre sicherheitspolitische Funktion bestand darin, den westeuropäischen NATO-Bereich wirtschaftlich intern zu konsolidieren. Ihr wichtigster eindeutig europäischer Beitrag zur westlichen Sicherheitspolitik war daher ihre eigene Ausdehnung in den NATO-Bereich hinein. Weiterhin spielte sie einen unterstützenden, aber nicht unwichtigen Part im nicht-militärischen Teil des Ost-West-Konfliktes, dem so genannten „Wettkampf der Systeme".

Die zweite (Zwischen)-Phase des Einigungsprozesses begann mit dem bekannten Doppelereignis: Erstens endete der Kalten Krieg durch den Fall der Berliner Mauer (1989) und den Zerfall der Sowjetunion (1991). Zweitens wurde in Maastricht mit dem EUV die EU gegründet (1993). Mit den Verträgen von Amsterdam (1999) und Nizza (2003) wurde der EUV weiterentwickelt, vor allem aber wurde mit dem EUV die Einigungspolitik thematisch erheblich ausgeweitet. Die EU-Staaten griffen damit tief in die Reservate nationalstaatlicher Politik ein.

Sie holten sich daraus Zuständigkeiten für eine rechts- und innenpolitische Zusammenarbeit (JIZ) und eine multinationale europäische Währung. Sie griffen damit über den bis dahin von der EG gesetzten Rahmen hinaus. Völlig neue Ambitionen entwickelten die EU-Staaten zudem mit ihrem Wunsch nach einer militärisch grundierten europäischen Außen- und Sicherheitspolitik in gemeinsamer europäischer Zuständigkeit. Die EU trägt seither alle Anzeichen einer Organisation, die auf alter Grundlage unter neuen Umständen einen neuen und im Vergleich mit früher sehr viel größeren Anspruch erhebt.

Ganz anders verhielten sich die EU-Staaten in Maastricht allerdings gegenüber der im EGV festgelegten Grundlage aller bis dahin verfolgten Einigungspolitik. Hier gaben sie eine genau entgegengesetzte Richtung vor. Für sie nahmen sie in den EGV das *Subsidiaritätsprinzip* auf. Danach wird die EG „nur tätig, sofern und soweit die Ziele der in Betracht gezogenen Maßnahmen auf Ebene der Mitgliedstaaten nicht ausreichend erreicht werden können und daher wegen ihres Umfanges oder ihrer Wirkungen besser auf Gemeinschaftsebene erreicht werden können" (Art. 5 EGV). Damit wird das Prinzip, das bis dahin in der EG für die Einbeziehung nationaler Politiken in die gemeinsame europäische Politik galt, in sein Gegenteil gewendet. Bis zu diesem Zeitpunkt waren die ursprüngliche EWG und EG eindeutig dem Grundsatz gefolgt, *so umfangreiche Einigung wie möglich* zu erreichen. Seit Maastricht gilt hingegen ebenso eindeutig der Grundsatz, *so wenig Einigung wie möglich* entstehen zu lassen. Zudem ist der neue Grundsatz weit gefasst, denn es bleibt offen, wer nach welchen Kriterien verbindlich festzustellen hat, was gemäß des Subsidiaritätsprinzips „nicht ausreichend" bzw. was „besser" ist.

Das Subsidiaritätsprinzip war auf deutsche Initiative auf der Grundlage einer breiten negativen Stimmung in der EG zustande gekommen, die gegen die besagte „Regulierungswut" aufgekommen war. Sie war gegenüber einer Politik entstanden, die Einigung vor allem durch Vereinheitlichung und Regelungen erreichen wollte. Für verantwortlich wurde „Brüssel" gehalten. Diese Stimmung wurde zwar auch von Politikern genutzt, die grundsätzlich mehr national als europäisch gesinnt waren. Aber das Subsidiaritätsprinzip war letztlich nichts anderes als das Ergebnis einer breiten und tief gehenden Reaktion der Europäer auf die bis dahin verfolgte zu umfassende, zu puristische und zu strikte Einigungspolitik. Sie war von den Europäern offensichtlich so nicht mehr gewollt. Das Subsidiaritätsprinzip ist die konsequente Umsetzung der Erkenntnis, dass Europa oder zumindest das Europa der EG so viel Einigung, wie früher angestrebt wurde, nicht braucht.

Doch die in Maastricht entwickelten weitreichenden Ambitionen im EU-Bereich und insbesondere der Außen- und Militärpolitik stehen in offensichtlichem Widerspruch zu dieser realitätsbezogenen Politik im Bereich der EG. Dieser Widerspruch droht in der Einigungspolitik destabilisierend zu wirken. Vor allem, da diese Ambitionen auch ein Jahrzehnt nach Maastricht immer noch keine auch nur annähernd gesicherten und gefestigten Teile gemeinsamer europäischer Politik sind.

Die EU blieb ganz so, wie sie in ihren ersten Jahrzehnten gegründet und gehandhabt worden war, auch nach dem Ende des Kalten Krieges und bis heute eine ganz vorwiegend wirtschaftliche Veranstaltung. Für eine gemeinsame europäische Umwelt-, Sozial-, Außen- und Sicherheitspolitik konnten in ihr bisher nur Ansätze entwickelt werden. Es kann daher nicht überraschen, dass diese seit Maastricht ganz große und neue, aber eben noch nicht richtig vereinnahmte Gesamtthematik der EU inzwischen an ihren Rändern ausfranst. Das Band des für die Einigung Europas unerlässlichen gemeinsamen politischen Willens der EU-Staaten war mit dem Ende des Kalten Krieges offenbar verschwunden oder zumindest sehr dünn und schwach geworden.

In dieser zweiten Phase des Einigungsprozesses konnte die

EU schließlich noch Finnland, Österreich und Schweden als Mitglieder aufnehmen. Ihre Vorgängerorganisationen EWG und EG waren zunächst in den zwei Jahrzehnten, in denen die Grundlagen für EU-Europa gelegt worden waren, Sechser-Organisationen geblieben. Erst 1973 hatten sie Dänemark, Großbritannien und Irland aufgenommen, dann 1981 Griechenland und schließlich 1986 Spanien und Portugal. Jetzt nach dem Ende des Kalten Krieges konnte die EU mit der Aufnahme der drei neutralen Staaten ihre Ausdehnung auf das marktwirtschaftlich organisierte Westeuropa komplettieren. Jetzt zeigte sich im Übrigen auch deutlicher als im Kalten Krieg, dass die NATO einem amerikanisch bestimmten transatlantischen, die EU aber einem europäischen Entwurf folgt. Doch davon später.

Die dritte Phase der EU-Einigungspolitik wurde mit dem Beginn der neuen EU der 25 Mitgliedstaaten und mit den europapolitischen Turbulenzen des Jahres 2003 auf eigene Art eingeleitet. Seit dem Ende des Kalten Krieges war die EU zwar von Anfang an ambitiöser gewesen als ihre Vorgängerin EG, aber sie war gleichwohl und auch noch nach dem Beitritt der drei neutralen Staaten immer sich selbst sehr ähnlich geblieben. Jetzt hingegen trat die EU in diese entscheidende dritte Phase der europäischen Einigungspolitik als eine neue Organisation ein. Mit der Einbeziehung von immer mehr Themen in ihre gemeinsame europäische Politik und ihrer Erweiterung um immer mehr Mitgliedstaaten ist sie etwas Neues und Großes geworden. Gleichzeitig ist sie aber, anders als früher, sowohl für sich selbst als auch in der internationalen Politik, noch nicht wirklich klar definiert. Das ist jedenfalls das Mindeste, was man zu dem dreifachen Desaster von 2003 sagen kann.

Hinzu kommt das neue Umfeld. Mit dem Ende des Kalten Krieges und dem Ende der Sowjetunion waren zwei Faktoren verschwunden, die für die internationale Politik herausragende Bedeutung gehabt hatten. Aber hiervon abgesehen hatte sich das Umfeld für die europäische Politik nur sehr wenig und langsam verändert. Das Gleiche gilt für die in erster Linie durch die NATO verkörperte und hier später im Einzelnen aufzunehmende transatlantische Politik. Seit dem 11. September 2001 hingegen ist das weltpolitische Umfeld der EU von dramatischen Turbulenzen beherrscht. Ihre Auswirkungen auf den europäischen Teil der transatlantischen Zusammenhänge waren erheblich. Durch das Irak-Debakel der EU von 2003 wären die europäischen weltpolitischen Ambitionen um ein Haar in den Tiefen der Weltmeere und des Persischen Golfs versenkt worden.

Die EU hat am Ende ihres ersten halben Jahrhunderts offenkundig mehr Themen und mehr Mitglieder, als sie wirklich verkraften kann. Es fehlt ihr gegenwärtig das in der heutigen Lage für sie unerlässliche Maß an interner Konsistenz und an verlässlicher und umsetzbarer Orientierung auf dem Feld der internationalen Politik. Der Grund hierfür liegt aber keineswegs nur in der Einbeziehung von immer mehr Themen in die gemeinsame EU-Politik und in der Erweiterung der EU um immer mehr Staaten. Er liegt in erster Linie in Änderungen der Politik mancher EU-Staaten.

Daher drängt sich die Frage auf, ob die EU gegenwärtig nicht zu viel Einigung auf zu vielen Gebieten anstrebt. Braucht Europa wirklich so viel Einigung jetzt und hier und dazu noch alles auf einmal? Oder anders gefragt: Wie viel mehr zusätzliche Einigung nach innen und wie viel mehr Operatives nach außen kann sich die EU noch zumuten, ohne dass sie Gefahr läuft, sich generell zu überdehnen, und ohne dass neue und möglicherweise gefährlichere Zerreißproben als 2003 drohen? Die erwähnten Beispiele für das Hinschwinden früherer Staatenverbünde sollten eine Warnung sein.

Die Mechanismen des Einigungsprozesses

Neben den Wegen, auf denen die EU-Staaten Teile ihrer nationalen Politik zu gemeinsamer europäischer Politik machen, stehen als zweiter und fast noch wichtigerer Teil des Einigungsprozesses die Mechanismen, mit denen sie ihre gemeinsame Politik gemeinschaftlich gestalten. Denn fast noch deutlicher als bei der Frage nach den Politiken, die in die Einigungspolitik einbezogen werden sollen, zeigt sich hier, dass der europäische Einigungsprozess bei Lichte betrachtet ein Unternehmen mit keineswegs selbstverständlichen und grenzenlosen Erfolgschancen ist. Er entspricht eher dem bekannten Bild von der Quadratur des Kreises.

Denn wann immer Staaten vereinbaren etwas gemeinsam zu tun, schränken sie durch die Gemeinsamkeit gleichzeitig automatisch ihre eigene staatliche Handlungsfreiheit und Souveränität ein. Dieser Effekt, durch den nationalstaatliche Souveränität in die europäische Gemeinsamkeit der EU-Staaten abgegeben wird, ist in der europäischen Einigungspolitik im Interesse einer dauerhaften Einigung gewollt. Nun wollen aber die EU-Staaten zwar erklärtermaßen geeint sein, aber sie wollen gleichzeitig ganz offenkundig wiederum nicht zu viel von ihrer eigenen Souveränität und Handlungsfreiheit verlieren. Hieraus entsteht ein Spannungsverhältnis zwischen dem Quadrat EU-Europa und dem Kreis der EU-Staaten. Beide können nie deckungsgleich werden. Sie können sich immer nur bestenfalls einander annähern.

Dieses Spannungsverhältnis schlängelt sich wie ein roter Faden durch den gesamten Einigungsprozess. Im Dezember 2003 war es der Auslöser für das doppelte Desaster über den Euro und den Entwurf einer Verfassung für Europa. Im vorangegangenen Irak-Desaster blieb es allerdings wirkungslos, denn dort gab es gar kein Quadrat Europa. Da kamen die europäischen Nationalstaaten in ihrem Streit ganz ohne Europa aus. Gerade wegen des augenblicklichen Standes der Einigung Europas mittels der EU verdienen die Mechanismen für die gemeinsame Gestaltung der Politik in der EU gegenwärtig besondere Beachtung.

Der erste Mechanismus für die heutige gemeinsame europäische Politik entstand 1952 für die EGKS, die *Montanunion*, nach Vorschlägen des französischen Wirtschaftsexperten Jean Monnet. Er funktionierte so: Alle sechs Staaten bestimmen über ihre nationalen Kohle- und Stahlindustrien zusammen und kontrollieren sich dabei gemeinsam. Die hierfür erforderlichen nationalen Befugnisse übertragen sie auf eine von ihnen zu gründende überstaatliche Institution. Diese handelt nach von ihnen vorab festgelegten Regeln selbstständig. Das neuartige *supranationale* bzw. *überstaatliche* System für zwischenstaatliche Zusammenarbeit, die so genannte *Methode Monnet*, war geboren. Diese Methode und ihre Ergebnisse wurden als *überstaatliche/supranationale Integration* bezeichnet. Heute wird allerdings alles, was irgendwie einigend wirkt, Integration genannt.

Die damals völlig neue Methode Monnet entstammte dem dirigistischen und technokratischen Denken, das in der französischen Wirtschaftspolitik vorherrschte. Sie war von einer institutionalistischen, funktionalistischen und zentralistischen Vorstellung von der Einigung Europas getragen. Ihr zufolge sollte auf diese Weise ein allgemeiner Prozess der *Vergemeinschaftung* in Gang gesetzt werden. Mit ihm würden immer mehr nationale wirtschaftliche und später auch andere Zuständigkeiten an überstaatliche europäische Institutionen abgegeben. Bis irgendwann einmal der Punkt erreicht sei, von dem ab der Bestand an europäisch *Vergemeinschaftetem* größer sei als der Restbestand an nationalen Befugnissen. Von diesem Zeitpunkt an würde sich dann, so die damalige Hoffnung, jenseits der Grenzen nationalstaatlicher Souveränität eine *ganz neue Form überstaatlicher Gemeinsamkeit* entwickeln. Diese hat sich in der Tat bis heute entwickelt, aber doch auf etwas andere, vielfältigere und weniger radikale Weise, als sich das die damaligen Protagonisten vorgestellt hatten. Das sollte man bei der Beurteilung heutiger und künftiger Möglichkeiten europäischer Politik immer im Auge haben.

Die frühen überstaatlichen Vorstellungen von Einigung mögen den heutigen Lesern seltsam vorkommen. Sie waren auch schon damals keineswegs unumstritten. Ihre generelle Bedeutung erhielten sie durch das frühe europapolitische Denken in Kategorien von Einigungsplänen, Finalität der Einigung usw. Mit der wachsenden Überzeugung, dass die Einigung ein Prozess ist, gewannen auch die Verfahren der zwischenstaatlichen Zusammenarbeit immer mehr an Boden. Heute sind die internen Mechanismen der EU eine Mischung aus viel zwischenstaatlicher Kooperation und einer Beigabe überstaatlicher Elemente. Insofern ist die überstaatliche Einigung nach dem definitiven Ende der Vorstellung von ihrer umfassenden Funktion bis heute ein wichtiges Element der Einigungspolitik geblieben. Gleichzeitig blieb sie ein schwieriges Thema. Sie war bekanntlich der materielle Anlass für die Euro-Krise und für die Ablehnung der Verfassung für Europa Ende 2003.

Generell hat sich die Einigungspolitik zunächst in Richtung einer eher festen, später eher lockeren Einigung entwickelt. Zu Zeiten der Montanunion definierte sich die Einigung der gemeinsamen Bewirtschaftung nur von Kohle und Stahl durch lediglich sechs Staaten naturgemäß noch besonders fest. Auch anschließend war unter den Zwängen des Kalten Krieges der Wille zur festen Einigung sehr stark. Aber es war unübersehbar, dass die Einigungspolitik den Schwung ihrer frühen Jahre zu verlieren begann. Die Westeuropäer gewöhnten sich an die Situation des Kalten Krieges. Die Auffassung, dass die Teilung Europas auf Dauer sei oder zumindest noch sehr lange anhalten werde, verstärkte sich. Es entwickelte sich die besagte Zunahme von Themen und Staaten, die in den Einigungsprozess einbezogen wurden, mit der entsprechenden Auflockerung der Politik als ihrer Folge.

Die Entwicklung der Intensität der Einigungspolitik bzw. der Einigungswilligkeit in der EU lässt sich am einfachsten mit einer Kurve verdeutlichen, die entlang einer waagrechten Zeitachse läuft. Sie steigt zunächst von der Montanunion (1952) über die EWG (1958) und EG (1965) bis zu dem gescheiterten Projekt einer WWU (1970) steil an. Dann setzt sie sich weiter – aber flacher ansteigend – bis zur EEA (1987) fort. Von dort läuft sie flach weiter bis Maastricht und fällt von da ab mit dem EUV (1992) und den anschließenden Verträgen fast ebenso steil ab, wie sie am Anfang angestiegen war.

Seit Maastricht ist in Europa der Wille zu einer festen und einheitlichen Einigung eindeutig schwächer als früher. Die Renationalisierung der EU-Politik ist unübersehbar. Sie ist eine Tatsache, die weder durch Wunschdenken noch durch irgendwelche politischen Aktionen oder Tricks aus der Welt geschafft werden könnte. Sie hat Wirkung. Beispielsweise ist sie, wie noch im Einzelnen zu zeigen sein wird, fester und maßgeblicher Teil der Grundlage für die im EUV niedergelegte gemeinsame Außen- und Sicherheitspolitik der EU.

Ferner wirkte sich die Einführung des Subsidiaritätsprinzips nicht nur auf die Frage aus, wie viele und welche nationale Themen in die gemeinsame EG-Politik einbezogen werden sollten. Sie wirkte auch als grundsätzliches Signal in Richtung einer mehr zwischenstaatlich zu organisierenden Politik in der gesamten EU. Um diesen Zweck zu erläutern, hatte der Europäische Rat der Staats- und Regierungschefs der EU im Dezember 1992 in Edinburgh ein umfangreiches Dokument verabschiedet. Allein schon sein erster Satz machte die Richtung klar: „Dies Prinzip trägt dazu bei, dass die nationale Identität der Mitgliedstaaten gewahrt und ihre Befugnisse erhalten bleiben". Es ist kaum denkbar, dass diese auf das Subsidiaritätsprinzip im EGV bezogene Aussage sich in ihrer Wirkung auf die EG beschränken ließe. Sie kann als Legitimierung der Renationalisierung der gesamten EU-Politik verstanden werden.

Wollen also die EU-Staaten, ihre Regierungen, Parlamente und Bürger seit Maastricht in etwa das, was der französische Staatspräsident Charles de Gaulle einmal als das *Europa der*

Vaterländer anvisiert hatte? Ein Europa, das von seinen Staaten mit irgendeiner Form von lockerer Koordinierung ihrer Politiken regiert wird? Droht also die zweite der beiden eingangs benannten prototypischen Zukunftsmöglichkeiten für Europa: ein Europa, das sich immer mehr auflockert, bis zu dem Punkt, jenseits dessen der Friede in ihm nur noch mit militärischen Mitteln gesichert werden kann?

Das ist wohl nicht zu befürchten. Denn die Europäer wollen zwar nicht den nationalen Kreis zum europäischen Quadrat werden lassen, aber sie wollen sich auch nicht mit ihrem Kreis begnügen. Die Einigungspolitik wurde in und seit Maastricht nicht abgebaut, sie wurde lediglich „herabgenüchtert". Sie ist einfach realistischer geworden. Ihre Renationalisierung nach dem Ende der besonderen, ja unnormalen, Situation des Kalten Krieges war in gewisser Weise auch eine Normalisierung. Im Bereich der Einigungsmechanismen zeigen zumindest zwei Entwicklungen, dass es auch in dieser neuen Normalität mit der Einigung Europas weitergehen kann.

Einmal wurden mit dem Vertrag von Nizza (NV) für die Abstimmung im Rat der EU die bereits erwähnten Verfahren entwickelt, die die bisherigen Abstimmungsregeln auf sinnvolle Weise mit überstaatlichen Elementen ergänzen (Abb. 5, S. 196). Desgleichen wurden im EP die Zahl der Sitze und die Sitzverteilung geändert (Abb. 8, S. 199). In beiden Fällen wurden die Verfahren den neuen europäischen Bedürfnissen angepasst.

Allerdings ist eine weitere, mit der Verfassung für Europa vorgesehene Verbesserung der Abstimmungsverfahren mit qualifizierter Mehrheit im Rat der EU im Dezember 2003 gescheitert. Nach dem in Nizza beschlossenen Verfahren setzt sich die qualifizierte Mehrheit in der EU der 27 aus drei Elementen zusammen: 258 Stimmen, 14 Staaten und 62 Prozent der EU-Bevölkerung. Nach dem mit der Verfassung vorgesehenen Verfahren soll sie sich nur noch aus zwei Elementen zusammensetzen: 14 Staaten und 60 Prozent der EU-Bevölkerung.

Diese Änderung wäre in jeder Hinsicht ein großer Fortschritt. Doch würde er mit dem Wegfall der Stimmgewichtung Polen und Spanien den Vorteil nehmen, den sie in Nizza mit dem ihnen irrtümlich zugesprochenen zu hohen Stimmgewicht von je 27 Stimmen gewonnen hatten. Daher stimmten Polen und Spanien gegen den Verfassungsentwurf. Das ist zweifellos ein spektakuläres Beispiel dafür, welche Wege die gemeinsame europäische Politikgestaltung in der EU gelegentlich nehmen kann. Aber Rückschlag ist nicht gleichzeitig Ende, ein gescheitertes Verfassungsvorhaben bedeutet längst nicht das Ende der Gemeinsamkeit. Das Abstimmungsverfahren in dem Verfassungsentwurf stellt ein wichtiges und vernünftiges Element enger europäischer Gemeinsamkeit dar. Es würde dem weiteren Einigungsprozess, wie der Verfassung insgesamt, Ruhe und Stabilität geben. Es wäre grotesk, wenn es nicht wieder belebt und letztlich doch in die Mechanismen der EU eingebracht werden könnte.

Weiterhin wird seit längerem ernsthaft darüber nachgedacht, wie in der größeren und vielfältigeren EU die Einigung auf neue Weise vorangebracht werden könnte. Die ursprüngliche Idee, sie immer gleichermaßen für alle teilnehmenden Staaten voranzubringen, ist nicht mehr realistisch. Ein EU-Konvoi mit 25 und mehr Schiffen, die gemeinsam in gleicher Geschwindigkeit ihrer gemeinsamen Bahn folgen, ist Illusion. Schon jetzt bestehen bekanntermaßen zwei wichtige Abweichungen, die in den frühen Jahren der Einigungspolitik unmöglich gewesen wären: das so genannte Schengen-Abkommen über die Aufhebung der Grenzkontrollen an Staatsgrenzen innerhalb der EU und die gemeinsame Währung Euro. Beide Systeme umfassen nicht alle EU-Staaten. Als Konsequenz aus dieser neuen Wirklichkeit entstanden schon seit längerem im vorpolitischen Raum Gedankenmodelle in Richtung einer Politik, mit der die Einigung auf differenziertere Weise vorangebracht, mit der sie sozusagen „flexibilisiert" werden könne.

Sie firmieren als *Europa à la carte*, als *Europa der variablen Geometrie*, als *Kerneuropa*, als *Europa der verschiedenen Geschwindigkeiten* oder auch *der konzentrischen Kreise*, als *Europa der Avantgarde* usw. Allen gemeinsam ist die Vorstellung, dass einzelne Gruppen der EU-Staaten, die dies wollen, auf einzelnen Gebieten die Einigung schneller vorantreiben als die übrigen EU-Staaten. Einen ersten vertraglichen Niederschlag haben diese Vorstellungen in den „Bestimmungen für eine verstärkte Zusammenarbeit" des EUV (Art. 43–45) gefunden. Manche Modelle können auch als weiter gehend verstanden werden, derart, dass einige EU-Staaten nicht nur auf einigen Gebieten, sondern generell sich fester zusammenschließen als die EU-Staaten insgesamt.

Der Europarat

Das Bild vom europäischen Einigungsprozess hätte eine unvertretbare blinde Stelle, bliebe der bereits 1949 als erste Organisation für die Einigung Europas gegründete *Europarat* aus ihm ausgespart. Der Europarat ist zwar nicht Teil des EU-Systems, hilft aber dessen Politik auf nachhaltige Weise. Seine Arbeitsschwerpunkte sind die Förderung und Durchsetzung der *Achtung der Menschenrechte* sowie die Förderung der *Rechtsstaatlichkeit*, des toleranten und kreativen Umgangs mit der *Kultur des Anderen* und der Lösung der großen *gesellschaftlichen Probleme.* Er fördert im Rahmen der Einigung Europas geradezu modellhaft das, was hier im Eingangskapitel als die Selbsteuropäisierung der Europäer definiert wurde. Gleichzeitig zeigt er damit beispielhaft, wie wichtig dieser Weg zur Einigung Europas ist und wie substanziell er sein kann.

Der Europarat hat einen weiten Europabegriff. Seine Mitgliedschaft von 45 Staaten umfasst z. B. sowohl Island als auch Aserbaidschan. Das Entscheidungsorgan ist das „Ministerkomitee" der Außenminister der Mitgliedstaaten. Ihm sind zwei beratende Organe zugeordnet: Einmal eine „Parlamentarische

Versammlung“, die sich aus Parlamentariern der Mitgliedstaaten zusammensetzt, ferner ein „Kongress der Gemeinden und Regionen Europas“. Er ist eine Zwei-Kammer-Versammlung, in die die Gemeinden und Regionen der Mitgliedstaaten Abgeordnete entsenden. Von herausragender Bedeutung ist die *Kommission für Menschenrechte* und der allseits bekannte und geachtete *Europäische Gerichtshof für Menschenrechte,* der vor einigen Jahren verstärkt wurde und seither permanent tagt.

Der Europarat ist, mit Ausnahme natürlich des Gerichtshofes, eine Organisation, mit deren Hilfe die Staaten, so sie wollen, im Konsens Verpflichtungen übernehmen können. Doch hat er keine eigenen Machtmittel, um die Einhaltung der Verpflichtungen gegenüber den Staaten durchzusetzen. Er ist sozusagen eine *weiche* Organisation. Mehr noch als andere Organisationen kann er seiner Aufgabe, Recht, Moral und sozialen und kulturellen Ausgleich zu fördern, nur gerecht werden, wenn er Glaubwürdigkeit und ethische Autorität wahrt.

Daher war nach dem Ende des Kalten Krieges und der Teilung Europas die ziemlich ruckartige Erhöhung der Mitgliederzahl von 23 (1989) auf zunächst 41 und schließlich 45 Mitglieder für den Europarat nicht ohne Risiko. Waren die neuen Mitglieder doch allesamt Staaten, die nach 50-jähriger Diktatur beitraten, und für die man daher die an sich strengen Beitrittskriterien erheblich abgeschwächt hatte. Doch alles hat besser funktioniert als von manchen ursprünglich befürchtet worden war. Dies gibt Hoffnung für die interne Auswirkung der jetzigen EU-Erweiterung.

Es läge nahe, dass die immerhin 25 Staaten der EU zur Förderung der Einigung Europas die Möglichkeiten des Europarats von (nur) 45 Staaten derart nutzen, dass sie in ihm mit ihrem Gewicht von gut 55 Prozent der Mitgliedschaft erkennbar geschlossen auftreten und auch gemeinsam Initiativen ergreifen. Es ist erstaunlich, dass dies nicht, oder wenn, dann offenbar nur unter Ausschluss der Öffentlichkeit stattfindet.

Der Zustand und die Zukunft des Einigungsprozesses

An dieser Stelle drängen sich zwei Fragen auf: Einmal die, was denn eigentlich das Ergebnis des bisherigen Einigungsprozesses ist. Und zum anderen diejenige, wie es mit dem Einigungsprozess weitergehen kann. Beide Fragen sind nicht leicht zu beantworten. Der Begriff des Prozesses war ja gerade gewählt worden, weil die Einigungspolitik als nicht ziel- oder ergebnisorientiert, sondern eben als *prozesshaft* erkannt worden war. Der durch den Einigungsprozess bisher erreichte Zustand Europas und der EU wiederum ist eine Mischung aus vielen Elementen, die sich einer einfachen Benennung entzieht. Insofern ist die hier früher als zu unverbindlich kritisierte Bezeichnung *Union* nicht schlecht. Die deutlichste Beschreibung des bisherigen Ergebnisses der europäischen Einigungspolitik, die sich derzeit finden lässt, ist in dem Urteil des Bundesverfassungsgerichts (BVG) zum EUV vom 13. Mai 1993 enthalten. Ihre Kernaussagen sind (alles Zitate):

- „Der Unions-Vertrag begründet einen Staatenverbund zur Verwirklichung einer immer engeren Union der – staatlich organisierten – Völker Europas, keinen sich auf ein europäisches Staatsvolk stützenden Staat.
- Der Vertrag begründet einen europäischen Staatenverbund, der von den Mitgliedstaaten getragen wird und deren nationale Identität achtet.
- Die Einräumung von Hoheitsfunktionen hat zur Folge, dass deren Wahrnehmung nicht mehr vom Willen eines Mitgliedstaates allein abhängt.
- Die Wahrnehmung von Hoheitsgewalt durch einen Staatenverbund wie die Europäische Union gründet sich auf Ermächtigungen souverän bleibender Staaten, die im zwischenstaatlichen Bereich regelmäßig durch ihre Regierungen handeln und dadurch die Integration steuern. Sie ist daher primär gouvernmental bestimmt.
- Die Mitgliedstaaten haben die Europäische Union gegrün-

det, um einen Teil ihrer Aufgaben gemeinsam wahrzunehmen und insoweit ihre Souveränität gemeinsam auszuüben.

- Die Kompetenzen und Befugnisse, die der Europäischen Union und den ihr zugehörenden Gemeinschaften eingeräumt sind, bleiben, soweit sie durch Wahrnehmung von Hoheitsrechten ausgeübt werden, im Wesentlichen Tätigkeiten einer Wirtschaftsgemeinschaft.
- Die ‚Herren der Verträge' haben ihre Gebundenheit an den ‚auf unbegrenzte Zeiten' geschlossenen Unions-Vertrag mit dem Willen zur langfristigen Mitgliedschaft begründet, können diese Zugehörigkeit aber letztlich durch einen gegenläufigen Akt auch wieder aufheben."

Diese präzise und autoritative Beschreibung des derzeitigen Standes der europäischen Einigungspolitik bestätigt nicht nur, dass diese Politik ein Prozess ist. Sie stellt darüber hinaus klar, dass diese Politik – jenseits der Utopie von einem Einheitsstaat Europa – auch gar nichts anderes sein könnte. Nach dieser maßgeblichen rechtlichen Analyse, deren Schlüssigkeit sich eigentlich niemand entziehen kann, ist und bleibt Europa von Staaten organisiert. Sie können sich im Rahmen des hier beschriebenen Prozesses der europäischen Quadratur des Kreises der Nationalstaaten über Gemeinsamkeiten einigen oder auch nicht. Allerdings stellt sich diese Frage mit dem Fortschreiten des Einigungsprozesses immer seltener in solcher Klarheit. Sie stellt sich mehr als die Frage des Umganges der europäischen Staaten mit der bisher erreichten Einigung und der mit ihr erreichten Vernetzung.

Unter dem Gesichtspunkt, wie viel Einigung Europa braucht, ist an dieser Stelle zunächst festzustellen, dass Europa heute eine weniger strikte Einigung braucht als früher. Der Einigungsprozess hat sich auf seinem Weg von der Erfindung der radikal überstaatlichen Methode Monnet (1952) bis zu dem von einem großen europäischen Konvent erarbeiteten Entwurf für eine „Verfassung für Europa" (2003) erheblich verändert. Ursprünglich war in einer gewissen Analogie zu den Gesellschaften der einzelnen Staaten von der Vorstellung einer letztlich doch irgendwie homogenen europäischen Gesellschaft ausgegangen worden. Immer mehr rückte dann jedoch die Erkenntnis von der (hier später noch eingehender zu behandelnden) kulturellen und gesellschaftlichen Vielfalt Europas in den Vordergrund.

Diese Entwicklung des Einigungsprozesses lässt sich gut anhand der Präambeln der einschlägigen Verträge skizzieren. Die unverändert gültige Präambel des EGV von 1958 beginnt mit den Worten: „In dem festen Willen, die Grundlagen für einen immer engeren Zusammenschluss der europäischen Völker zu schaffen, …". Eine Generation später findet sich in der Präambel zum EUV von 1993 stattdessen, ganz im Sinne des Subsidiaritätsprinzips, der Wunsch der EU-Staaten, „die Solidarität zwischen ihren Völkern unter Achtung ihrer Geschichte, ihrer Kultur und ihrer Traditionen zu stärken, …". Und schließlich ist in der sehr kurz gehaltenen Präambel des Entwurfes für die „Verfassung für Europa" von 2003 alles nur noch erhabene nationalstaatliche Feierlichkeit. Es wird „die Gewissheit" postuliert, „dass die Völker Europas, wiewohl stolz auf ihre nationale Identität und Geschichte, entschlossen sind, die alten Trennungen zu überwinden und immer enger vereint ihr Schicksal gemeinsam zu gestalten, …".

Aus diesem Ablauf lässt sich allerdings nicht schließen, dass sich der Einigungsprozess kontinuierlich so fortbewegen würde. Es gibt keine Automatik. Der europäische Einigungsprozess in und mit der EU bleibt, wie nicht zuletzt auch die Ereignisse von 2003 zeigten, immer Teil der europapolitischen Entwicklungen und auch ihrer Verwerfungen. Das ist gleichermaßen der Vorteil und das Risiko dieses Prozesses. Wünschenswert wäre seine Fortführung mit dem Ergebnis, dass die Europäer durch die gemeinsame europäische Politik die Sicherheit erhalten, die sie brauchen, nämlich, wie eingangs erläutert, persönliche Sicherheit in Frieden und Wohlstand. Die mit der europäischen Einigungspolitik vorgegebenen und unmittelbar auf dieses Ziel hin orientierten Wege und Verfahren sind das Subsidiaritätsprinzip, die überstaatliche Einigung und die flexibilisierte Einigung. Mit Blick in die Zukunft ist zu diesen drei hier skizzierten Wegen noch Folgendes zu sagen:

Das Subsidiaritätsprinzip gilt, wie dargelegt, rechtlich nur im Bereich der EG. Gerade hier aber besteht, wie gleich auch noch im Zusammenhang mit dem Euro zu zeigen sein wird, derzeit ein erhebliches Defizit an Einigung. Nur ein gemeinsamer Markt ist hier für sie eine zu schwache Grundlage. Auch eine Wirtschafts- und Währungsunion (WWU), die lediglich aus einer Ankündigung ihrer selbst und ein wenig Koordinierung der nationalen Wirtschaftspolitiken besteht, ist hier nicht genug. Europa braucht diesbezüglich mehr Einigung.

Die überstaatliche Einigung ist integraler Teil des wirtschaftlichen Bereichs der europäischen Einigung. Ihre in die EG eingebauten Elemente geben dieser eine Stabilität, die weit über ein einheitliches Marktgeschehen hinaus reicht. Eine integral überstaatliche Einigung ist zu Recht kein Thema mehr, denn Europa braucht sie nicht. Es wäre aber ein Irrtum zu glauben, die Antwort auf die Frage, wie viel Einigung Europa braucht, ließe sich einfach mit der Abschaffung aller europäischen Überstaatlichkeit meistern. Die Einigung Europas braucht einige wohl dosierte überstaatliche Elemente, um eine Einigung zu erreichen, die stärker ist als die der üblichen Allianzen. Diese Einigung wäre mit der Verfassung für Europa erreicht worden. Sie hätte vermutlich sehr lange Zeit vorgehalten und Stabilität vermittelt. Das gibt dem Verfassungsdesaster vom Dezember 2003 sein Gewicht. Das muss Anlass sein, diesen kapitalen Fehler so bald wie möglich zu korrigieren.

Die Flexibilisierung des Einigungsprozesses hat ausgesprochen einigungspolitischen „Sexappeal“. Aber sie verführt dazu, diesen Weg für zu leicht zu halten. Alle hier erwähnten Modelle bieten sowohl Chancen als auch Risiken. Sie bieten die Chance, dass mit ihnen auch unter schwierigen Umständen die Einigung verbessert werden kann. Es ist mit ihnen aber auch die Gefahr verbunden, dass statt Einigung eine Auflockerung mit der Tendenz zur Auflösung erzeugt werden könnte. Aber alle Modelle sind vernünftige Versuche, eine Antwort auf die Frage zu finden, wie viel und welche Art Einigung Europa wirklich braucht, ohne dass das EU-System durch zu viel oder zu feste Einigung überstrapaziert wird.

All dies bezieht sich, wie gesagt, auf den Kernbereich der europäischen Einigungspolitik, den Bereich der EG. Die neue Tendenz, zusätzlich im EU-Bereich der gemeinsamen Sicherheits- und Außenpolitik eine vergleichbare europäische Gemeinsamkeit zu erreichen, folgt einer angesichts der Politik im EG-Bereich schwer verständlichen Logik. Dazu später mehr. Aber schon im hiesigen Zusammenhang lässt sich sagen, dass im Gegensatz zum EG-Bereich Europa in diesem EU-Bereich nicht mehr Einigung als bisher braucht. Vielmehr wäre es erwägenswert auch hier eine Art politisch-militärisches Subsidiaritätsprinzip einzuführen.

Es ist für die Einigung Europas gleichermaßen eine Chance und ein Risiko, dass sie sich nicht nach einem Plan oder mit einem Ziel, sondern als ein nach vorne offener Prozess vollzieht. Damit kann es hinsichtlich des künftigen Weges der europäischen Einigung auch keine Vorhersagen, sondern nur Vermutungen, Befürchtungen und Hoffnungen geben. Letztere könnten in etwa so aussehen: Die Einigung wird weiter intensiviert. Sie wird aber sehr viel weniger als früher mit Vereinheitlichungen, mehr mit Harmonisierungen vorangebracht. Die Verfahren für den Einigungsprozess flexibilisieren sich – auf welche Weise auch immer. Der Gedanke der Subsidiarisierung wird zur Richtschnur aller Einigungspolitik. Auf ein präzises Endziel, eine Finalität für den Prozess wird verzichtet. Die für die Einigung vorgegebenen (hier später zu skizzierenden) kulturellen und gesellschaftlichen Grenzen werden respektiert.

Das Europa der Interessen

Wirklich vorangebracht werden kann der Einigungsprozess allein von den EU-Staaten, wenn sie wollen. Wollen sie nicht, gibt es keine Einigung. Die EU-Staaten sind für den Einigungsprozess immer doppelt motiviert: durch europäische Visionen und durch ihre eigenen Interessen. Die Visionen bestimmen die Programme. Die Interessen bestimmen ihre Umsetzung. Beide Motive hielten sich in den ersten Jahrzehnten der Einigungspolitik in etwa die Waage. Doch dann kam die Gewöhnung an den Kalten Krieg und seit seinem Ende die Renationalisierung der europäischen Politik. Mit beidem wurden die nationalen Interessen immer stärker und vielfältiger und sie gewannen im Einigungsprozess immer mehr Gewicht.

Der Einfluss der Interessen
Dem Spannungsverhältnis zwischen Visionen und Interessen lassen sich die beiden grundsätzlichen Wege der Staaten zur Einigung Europas zuordnen: der Weg der so genannten *Lokomotivtheorie* und der der *Krönungstheorie.* Die Erstere besagt, dass die EU-Staaten gemeinsam oder zumindest mehrheitlich einen großen (visionären) Einigungssprung nach vorne machen. Dafür legen sie sich auf die Durchführung einer bestimmten gemeinsamen Politik oder auf die Einführung eines bestimmten Verfahrens inhaltlich und terminlich vorab verbindlich fest. Auf diese Weise soll die einmal in Fahrt gebrachte Lokomotive den Zug der gemeinsamen Politik ohne Halt mit Schwung ins Ziel bringen. Die Krönungstheorie weist den bedächtigeren, aber auch sichereren Weg. Die gemeinsame Politik wird Schritt für Schritt vorangebracht bzw. Schicht um Schicht aufgebaut, bis sie mit der Erreichung des angestrebten Ziels gekrönt werden kann.

Beide Prozesse stehen somit jeweils für einen Grundtypus der Einigung. Beispiele für die vornehmlich von europäischen

Visionen getragene Lokomotivtheorie waren die frühen Sprünge nach vorne mit der EGKS und der EWG, aber auch das Schengen-Abkommen für die Aufhebung innereuropäischer Grenzkontrollen. Ein Beispiel für die vornehmlich von Interessen getragene Krönungstheorie ist der Gemeinsame Binnenmarkt, aber auch und bis in Einzelheiten hinein die gemeinsame Außen- und Sicherheitspolitik. Es kann natürlich auch Verwerfungen geben. Die Einführung der Einheitswährung Euro beispielsweise folgte zwar der Lokomotivtheorie, war aber ausschließlich nationalstaatlich motiviert. Doch davon später.

Deutlich wirksamer als auf diesem Niveau der Einigungsschritte sind die Interessen der EU-Staaten in der kontinuierlichen gemeinsamen Gestaltung der EU-Politik. Die für die Zusammenarbeit in der EU typischen Abstimmungsverfahren mit einfacher oder qualifizierter Mehrheit finden in Bereichen statt, in denen die Interessen der Staaten schon durch die vorangegangenen Entscheidungen über die Einführung dieser Verfahren einigermaßen definiert und festgelegt sind. Außerhalb dieser Verfahren aber vollzieht sich ein immer wieder neues Definieren und Austarieren der nationalen Interessen. Das ist zweifellos das wichtigste Verfahren für die Einigung Europas. Hier findet im Grunde die eigentliche Europäisierung der Politik der EU-Staaten statt, denn es werden nationale Politiken und Interessen unmittelbar zu gemeinsamer europäischer Politik und gemeinsamem Interesse – oder auch nicht.

Hier verwirklicht sich die Einigung Europas durch das für die EU ebenfalls typische Verfahren des *Schnürens von Paketen* und natürlich auch durch die Nutzung eines *Vetos.* Die Pakete werden in den nicht seltenen Fällen geschnürt, in denen unterschiedliche Interessen der Staaten auf unterschiedlichen Gebieten unter den Hut eines gemeinsamen Beschlusses gebracht werden müssen. Hier ist Einigung also nichts anderes als das Ergebnis der uralten Verfahren der Diplomatie von Geben und Nehmen zur Erreichung eines Kompromisses.

Nicht selten geht der Schnürung des Pakets ein Veto voraus. Etwa als Griechenland seine Zustimmung zur Osterweiterung der EU von der Bedingung abhängig gemacht hatte, dass Zypern in die (damalige) erste Runde der Beitritte aufgenommen werde. Fast schon als Routine erscheinen die Vetos, die Spanien einlegt. Sie wurden mit Paketen beseitigt, mit denen der spanische Verzicht auf das Veto mit Zuweisungen aus dem europäischen Strukturfonds zusammengeschnürt wurde, die Spanien eigentlich nicht mehr zustanden. Früher war in der Europapolitik ein Veto eine herausragende Seltenheit. In den letzten Jahren wurde der Gebrauch oder die Androhung eines Vetos mehr und mehr zum regulären Teil der Einigungsverfahren.

Die Visionen sind gegenwärtig eher Teil der propagierten Außenansicht der EU-Politik. Die reale Innenansicht ist von den Interessen der EU-Staaten geprägt. Bei der Ablehnung der Verfassung für Europa im Dezember 2003 war dies mit Händen zu greifen. Sie war nicht gänzlich, aber doch ein wenig von der Lokomotivtheorie inspiriert gewesen. Spanien und Polen hatten ihr Veto eingelegt. Spanien machte sich dann offenbar, aber wohl zu spät, auf den Weg zur Schnürung eines der üblichen Pakete. Es ist nicht auszuschließen, dass in der neuen, größeren und lockerer gefügten EU das Verhandeln mehr als bisher zum Schachern wird.

Die allgemeinen Interessenlagen

Mehr denn je sind daher gegenwärtig die Konstanten der nationalen Interessenlagen innerhalb der EU interessant. Für den prüfenden Blick auf sie ist es hilfreich, sich daran zu erinnern, dass in der Einigungspolitik der Zweiklang von nationalem Eigeninteresse und europäischem Idealismus von Anfang an bestand. Sie begann in dieser Hinsicht geradezu prototypisch.

Als der französische Außenminister Robert Schuman am 9. Mai 1950 den für die Teilnahme weiterer Staaten offenen

Zusammenschluss der deutsch-französischen Kohle- und Stahlproduktion vorschlug, tat er das mit einer visionären Erklärung über die Notwendigkeit, die deutsch-französische Erbfeindschaft zu überwinden und eine europäische Föderation anzustreben. Seiner Erklärung war allerdings der am Widerstand der USA gescheiterte Versuch Frankreichs vorangegangen, das Ruhrgebiet unter französische Kontrolle zu bringen. Ferner gehörte zu Schumans Vision „die Entwicklung des afrikanischen Kontinents" – auf dem sich die damals schon etwas angeschlagene Masse des französischen Kolonialreichs befand. Und in Paris gab es damals niemanden, der nicht überzeugt gewesen wäre, dass Frankreich mit der *Methode Monnet* eine Vorrangstellung in Europa erreichen könne.

Schuman bleibt, mehr als Monnet, der anerkannte und unbestrittene Visionär und Initiator der europäischen Einigungspolitik. Die damalige Anreicherung der europäischen Vision mit nationalen französischen Interessen ist aus der nach dem Zweiten Weltkrieg besonders schwierigen Lage Frankreichs verständlich. Sie ist aber nicht nur bis heute eine Konstante der französischen Europapolitik geblieben, sondern auch eine ganz selbstverständliche Konstante in der Politik aller anderen EU-Staaten. Unterschiede bestehen nur zwischen den Orientierungen der nationalen Interessen.

Der Gleichklang der Interessen der EU-Staaten manifestiert sich am stärksten im wirtschaftlichen Bereich. Nicht von ungefähr ist er es auch, in dem die Einigung die besten Fortschritte macht. Aber selbst hier sind die Interessenunterschiede so groß, dass im wirtschaftlichen Teil der WWU die Einigung bis heute nicht über eine Harmonisierung der nationalen Politiken – was immer man sich darunter vorstellen mag – hinauskommen kann. Es ist z. B. für die Staaten offenbar immer noch interessanter, sich mit ihren unterschiedlichen Steuersystemen gegenseitig Investoren abzujagen, als sich im Sinne der Einigung Europas auf die Europäisierung der Steuersysteme zu verständigen. Vollends uneinig oder gar feindlich stehen sich die EU-Staaten gegenüber, wenn es um wirtschaftliche Interessen außerhalb des EU-Bereichs geht. Die Frage, wie viel Einigung Europa braucht, findet im Bereich der Wirtschaft immer noch die Antwort der EU-Staaten: nicht so viel, dass dies meinen eigenen Interessen schadet.

Generell dient das EU-System mehr den Interessen der kleineren als denen der größeren Staaten. Es begünstigt die kleineren Staaten. Sie können sich gegenüber den größeren Staaten so behaupten, wie sie dies ohne EU nie könnten. Im Außenverhältnis gewinnen die kleineren Staaten durch ihre EU-Mitgliedschaft Geltung und Möglichkeiten in der internationalen Politik, die sie ohne diese Mitgliedschaft nie erreichen würden.

Vergleichbares gilt für die weniger wohlhabenden EU-Staaten. Das System der EU ist beim Wohlstandsausgleich bzw. bei der Angleichung des durchschnittlichen Wohlstandes an den der wohlhabenderen EU-Staaten von bemerkenswerter Konsequenz. Sie zeigt sich besonders deutlich in der Tatsache, dass es unter den EU-Staaten die so genannten *Nettozahler* gibt, die in die gemeinsame Wohlstandsförderung nur einzahlen, und die so genannten *Nettoempfänger*, die aus ihr nur Zahlungen erhalten. Dieses System wäre undenkbar ohne den Einklang zwischen der Vision von einem immer mehr geeinten Europa und den Interessen der EU-Staaten. Dieser Einklang ist aus den Zwängen des Kalten Krieges entstanden, hat aber über sein Ende hinaus Bestand. Er ist allerdings nicht von der Art, dass er ohne weiteres permanente Beständigkeit haben könnte. Er bedarf der anhaltenden und immer wieder neu zu gewinnenden Überzeugung der Europäer und insbesondere der Bürger der wohlhabenderen Staaten Europas, dass er sinnvoll und kontinuierlich nötig ist.

Der Wohlstandsausgleich hat in der Einigungspolitik des EU-Systems einen zentralen Platz. Er wurde bisher solidarisch fortentwickelt. Gefördert wurde er dadurch, dass in der EU ein einigermaßen ausgewogenes Verhältnis zwischen großen und kleinen und zwischen den mehr und den weniger wohlhabenden Staaten bestand und dazu ein relativ hohes mittleres Wohlstandsniveau. Die neue EU der 25 Mitgliedstaaten aber besteht mehrheitlich aus kleinen und weniger wohlhabenden Staaten. Es besteht in ihr ein erhebliches west-östliches Wohlstandsgefälle. Seine möglichen Auswirkungen auf die gemeinsame Politik in der neuen EU scheinen noch nicht voll erkannt und analysiert worden zu sein.

Jedenfalls werden die Interessenunterschiede zwischen den 25 Staaten der neuen EU aus wirtschaftlichen und sozialen, aber auch aus weiteren, hier später zu behandelnden Gründen stärker sein als die Unterschiede, die in der früheren EU bestanden haben. Bereits die jüngsten Auseinandersetzungen über die EU-Finanzplanung für die Jahre 2007–13 lassen ahnen, dass es zu neuartigen Verteilungskämpfen kommen könnte. Es ist vorstellbar, dass vor diesem Hintergrund manche Europäer auf die Frage, wie viel Einigung Europa braucht, für sich die Antwort finden: keine so kostspielige Einigung wie bisher. Dem wird vernünftigerweise nur mit dem Bemühen um eine Verstärkung europäischer Solidarität begegnet werden können. Diese Situation veranschaulicht das Gewicht der Interessenfragen, die immer auch gleichzeitig Machtfragen sind.

Die besonderen Interessenlagen

Die Summe ihrer Interessen sehen die einzelnen EU-Staaten offensichtlich in der *Gesamtposition* und deren *Geltung* gebündelt, die sie in- und außerhalb der EU haben. Mit den Möglichkeiten, die das EU-System in dieser Hinsicht bietet, versuchen die kleineren unter ihnen ihre Position und Geltung zu verstärken. Die größeren unter ihnen versuchen sie sich zu erhalten oder sie wiederzugewinnen. In erster Linie gilt dies für die beiden großen früheren Kolonialmächte Frankreich und

Großbritannien. Beide sind auch Ständige Mitglieder des UNO-Sicherheitsrats und Nuklearmächte, doch wächst ihnen durch das letztere Attribut heute weniger Geltung zu, als dies während der Ost-West-Konfrontation des Kalten Krieges möglich war. Ihre Gesamtpositionen sind – auf sehr unterschiedliche Weise – durch ihre weltpolitischen Ambitionen definiert.

Frankreich hat seine weltpolitische Ausgangsbasis in der frankophonen Welt, deren zentralen Teil die 15 Staaten des ehemaligen französischen Kolonialreichs in Afrika bilden. Es ist bestrebt, seine weltpolitische Rolle europäisch zu fundieren. Demgemäß arbeitet es seit der EGKS für ein eng geeintes Europa. Es entwickelte erstmalig schon mit der 1954 gescheiterten EVG und später nochmals unter de Gaulle den Gedanken einer gemeinsamen militärischen Rolle Europas in der Welt. Es tritt heute für die gemeinsame europäische Außen- und vor allem Sicherheitspolitik ein. Es sieht sich mit einer gewissen Selbstverständlichkeit in einer führenden europäischen Rolle. Sein distanziertes Verhalten gegenüber der amerikanischen Politik erreichte 2003 im Irak-Krieg einen Höhepunkt.

Großbritannien hat mit dem *British Commonwealth of Nations* und seiner Muttersprache als Weltsprache eine vergleichsweise stärkere weltpolitische Ausgangsposition als Frankreich. Es möchte an der europäischen Politik führend beteiligt, aber nicht in sie eingebunden sein. Es hat sich von Anfang an für eine möglichst große und locker geeinte EU eingesetzt. Seine Außenpolitik ist vornehmlich durch seine Insellage und die überseeischen Teile seiner Geschichte geprägt. Weltpolitisch folgt Großbritannien, wie sich dies zuletzt 2003 im Irak-Krieg zeigte, der Politik der USA fast bis zum bedingungslosen Anschluss.

Die offenkundig gegeneinander stehenden Grundtendenzen der französischen und britischen Politik sind anscheinend unüberbrückbar. Es gibt zwar immer wieder, wie zuletzt im Herbst 2003, demonstrative Ansätze für einen mehr europäischen Kurs in der britischen Außenpolitik, doch blieben sie bisher immer folgenlos. Das und mehr noch die Divergenzen in den Grundeinstellungen Frankreichs und Großbritanniens belasten die europäische Einigungspolitik. Sie gehören aber inzwischen zu ihrem Grundbestand.

Einiges gemeinsam haben Italien und Spanien, die beiden nach Deutschland Frankreich und Großbritannien größten EU-Staaten. Sie haben ihre koloniale und faschistische Vergangenheit ohne spürbare außenpolitische Nachwirkungen hinter sich gelassen. Der EU-Gründerstaat Italien ist nicht nur seit jeher einer der europäisch begeistertsten Mitgliedstaaten der EU. Er nutzt auch gerne gelegentlich die eingangs erwähnte Möglichkeit, schwierige interne italienische Probleme auf dem Umweg über Brüssel in den Griff zu bekommen. Spanien hat es verstanden, die Möglichkeiten europäischer Unterstützung für seinen Auf- und Ausbau beharrlich zu nutzen.

Gleichgerichtete Interessen führen in der EU gelegentlich zu engeren Beziehungen und Gruppierungen zwischen einzelnen EU-Staaten. Die älteste ist die der *Benelux-Staaten* Belgien, Niederlande und Luxemburg, die bereits in den vierziger Jahren gegründet worden war. Die, zumindest aus deutscher und französischer Sicht, wichtigste ist die *deutsch-französische Partnerschaft.* Sie lässt sich mit drei Stichworten charakterisieren: *Beendigung, Balance* und *Partnerschaft.*

Beendet wurde die Erbfeindschaft. Die *Partnerschaft* begann 1950 unter französischem Vorzeichen mit der EGKS, EVG und EPG. Charles de Gaulle wollte sie auf seine Weise 1963 mit einem Deutschland und Frankreich fest zusammenbindenden Vertrag fortführen. Der Versuch scheiterte. Doch der Vertrag, der so genannte *Elysée-Vertrag,* wurde zur Grundlage eines intensiven und inzwischen über vier Jahrzehnten praktizierten Konsultationsverfahrens, das zusammen mit einer Fülle weiterer Programme die beiden Staaten und Völker einander immer näher brachte.

Die *Balance* war dadurch gegeben, dass die alte Bundesrepublik Deutschland und Frankreich nach den allgemeinen Merkdaten – Bevölkerungsstärke, BIP usw. – in etwa gleich groß waren, und Frankreich zusätzlich über Nuklearwaffen und einen Ständigen Sitz im UNO-Sicherheitsrat verfügte. Durch die Vergrößerung der Bundesrepublik um die DDR wurde diese Balance beendet. Doch die weitere Partnerschaft wurde deshalb nicht beeinträchtigt. Denn sie liegt in einem dauerhaften beiderseitigen Interesse, das durch das gemeinsame Interesse an einem fest geeinten Europa grundiert ist. Nicht zu Unrecht wird das deutsch-französische *Tandem* als der *Motor der Einigung* bezeichnet.

Die deutsch-französische *Partnerschaft* zeigt, was in Europa an Einigung erreicht werden kann, wenn europäische Staaten das Streben nach gemeinsamen europäischen Interessen als in ihrem nationalen Interesse liegend verstehen. Dies geschieht gegenwärtig allerdings weniger denn je. Die Ereignisse von 2003 waren in erster Linie Demonstrationen tiefstgehender Interessenunterschiede. Das in Jahren aufgebaute französisch-deutsch-polnische Konsultationssystem *Weimarer Dreieck* knickte vor ihnen zusammen, wie ein Rohr im Sturmwind.

Die Ereignisse waren symptomatisch. Sie betrafen die unterschiedlichen Themen Irak-Krieg, Euro und Verfassung für Europa. Aber sie waren hinsichtlich der Interessengegensätze gleichartig. Sie standen auch nicht allein. Spanien schlug anschließend Polen vor, eine Achse zu bilden. Beide wollen sich als Mittler zwischen USA und Europa betätigen. Das Erstere ist nicht mit der deutsch-französischen Partnerschaft, das Letztere nicht mit der Position Großbritanniens vergleichbar. Beides würde die Gegensätze innerhalb der EU vertiefen. Das Gleiche gilt für das Polemisieren des tschechischen Staatspräsidenten gegen die außenpolitische Zusammenarbeit in der EU. Es ließen sich weitere Beispiele nennen. All diesen Ereignissen ist gemeinsam, dass es bei ihnen nicht um einen Streit über die Einigung oder eines ihrer Probleme ging, sondern um ganz simple Interessenkonflikte zwischen EU-Staaten untereinander oder zwischen ihnen und der EU als Ganzes. Das sind die Konflikte, die die Idee der Einigung schädigen.

Die EU ist in ihrem wichtigsten politischen Bereich – dem des Interessenausgleichs zwischen den EU-Staaten und der Suche nach gemeinsamen europäischen Interessen – in schlechtem Zustand. Die Vorstellung, diese EU könne in der Weltpolitik als einheitlicher *Global Player* handeln, wäre ein Witz, wäre dieser Zustand nicht eine ernste Sache. Er zeigt, dass sich gegenwärtig weniger die Frage stellt, wie viel Einigung Europa braucht, sondern mehr die ernste Frage, zu wie viel Einigung Europa überhaupt fähig ist. Ferner stellt sich die Frage, ob man angesichts dieser Lage den Einigungsprozess nicht für eine gewisse Zeit in eine etwas ruhigere Gangart bringen und allen alten und neuen EU-Mitgliedern damit erst einmal Gelegenheit geben sollte, sich aneinander und, soweit nötig, an das EU-System zu gewöhnen.

Das deutsche Interesse

Deutschland ist, gemessen am Umfang seiner Bevölkerung und seines Bruttoinlandprodukts (BIP), der größte Staat Europas und er liegt in seiner Mitte. Deutschland und die EU brauchen einander. Diese Tatsache definiert Deutschlands Interessenlage. Im Einzelnen entspricht sie hinsichtlich seiner Position in und außerhalb der EU in etwa denen der anderen großen EU-Staaten. Allerdings fehlen Deutschland die Attribute der nuklearen Bewaffnung und des Ständigen Sitzes im UNO-Sicherheitsrat. Hinzu kommt, dass seine Position noch durch drei besondere Aspekte gekennzeichnet ist.

Zunächst aber gehört zur Einordnung der Position und Interessen Deutschlands ein weit zurückliegender Tatbestand, der leicht vergessen oder verdrängt wird. Die Entwicklung Deutschlands seit dem Zweiten Weltkrieg war so, wie wir sie heute kennen, von den damaligen Siegermächten nicht vorgesehen gewesen. Sie war ein Produkt des Kalten Krieges. Seinetwegen wurde die Bundesrepublik Deutschland „hergestellt". Die Erklärung des französischen Außenministers Schuman vom 9. Mai 1950 und der Beitritt der Bundesrepublik zum Europarat am 2. Mai 1951 sind die beiden großen Daten, die den Beginn des europäischen Deutschland markieren. Aber vorangegangen war – nur ein Jahr nach der Befreiung von Auschwitz und ohne weitere Überlegungen – die Entscheidung der USA, die Bundesrepublik ins Leben zu rufen. Der amerikanische Verteidigungsaufbau gegenüber dem Sowjetblock durfte am östlichen Rand des Brückenkopfes in Europa kein Vakuum aufweisen. Die westdeutschen wirtschaftlichen, menschlichen und militärischen Möglichkeiten mussten in den Westblock einbezogen werden.

Die Gründung der Bundesrepublik war die Voraussetzung für ihre unmittelbar anschließende Aufrüstung und Einbindung in die NATO. Mit Letzterer wurde sie Teil der unausgesprochenen, aber stabilen westlichen Strategie der so genannten *doppelten Eindämmung*: einmal der Sowjetunion und zum andern der Bundesrepublik. Gleichzeitig erhielt die Bundesrepublik durch ihre Einbindung in EG und NATO aber auch die damals einzige Chance in die Gemeinschaft der Staaten zurückzukehren, sowie Schritt für Schritt die Souveränität zurückzugewinnen und eine eigene Außenpolitik aufzubauen. Die von da ab entwickelte doppelte europäische und transatlantische Loyalität der Bundesrepublik bringt sie bis heute immer wieder in ein Spannungsverhältnis zwischen Paris und Washington. Seit der Erreichung der deutschen Einheit und gleichzeitig der vollen Souveränität am 3. Oktober 1990 ist Deutschland wieder ein Staat wie jeder andere. Doch kommen die besagten drei Aspekte hinzu.

Der Erste ist mit dem Begriff *deutsche Frage* definiert. Sie besteht in zwei Versionen. Ihre *deutsche Version* ist der Wunsch nach einem Zusammenleben (fast) aller Deutschen in einem Staat. Er geht zurück bis mindestens zum Westfälischen Frieden (1648) und den anschließenden über 200 Jahren deutscher Kleinstaaterei. Die deutsche Frage wurde – später als für die meisten anderen europäischen Völker ihre nationale Frage – 1871 mit der Gründung des Staates Deutschland beantwortet. Desgleichen nochmals 1990 durch die Vereinigung von Bundesrepublik und DDR. Wie bei der Gründung der Bundesrepublik, war auch hier der entscheidende Faktor das amerikanische Interesse an einem starken Deutschland in Europa. 1949 stand ihm nichts entgegen. 1989 musste es gegen nicht unbeträchtliche gegenläufige Interessen von Deutschlands engsten europäischen Alliierten Frankreich und Großbritannien durchgesetzt werden. Aber dies ist schon Teil der zweiten, der *europäischen Version der deutschen Frage.*

Sie besteht, anders als die deutsche Frage der Deutschen, fort. Für die Europäer entstand ihre deutsche Frage auf bekannte Weise. Der deutsche Nationalstaat war 1871 aus einem preußischen Sieg über Frankreich hervorgegangen. Er hatte 1914 den Ersten Weltkrieg mit verursacht und 1939 nach entschlossener und sorgfältiger Vorbereitung den Zweiten Weltkrieg mit dem Ziel vom Zaun gebrochen, die Staaten und Völker Europas zu vernichten oder zu unterjochen und ein deutsches Europa zu schaffen. In der Zeitspanne von nur einem Menschenleben hatte Europa drei deutsche Kriege zu erleiden. Jeder von ihnen war brutaler als sein Vorgänger.

Diese europäische Version der deutschen Frage ist in der europäischen Einigungspolitik tabu – aber sie ist immer präsent. Sie stand Pate bei der Geburt der Methode Monnet für eine feste überstaatliche Einbeziehung der Bundesrepublik in EGKS und EG. Sie lässt den meisten Europäern die NATO auch nach dem Ende der Strategie der doppelten Eindämmung als eine Garantie für die Kontrolle Deutschlands durch die Supermacht USA verstehen.

Die deutsche Frage bleibt dadurch lebendig, dass Deutschland eben der zentrale und der volkreichste und wirtschaftlich stärkste Staat Europas ist. Sie ist integraler und von den Europäern aufmerksam verfolgter Teil der innereuropäischen Machtfragen, also der Interessenpolitik innerhalb der EU. Es liegt daher im vornehmlich deutschen Interesse, dass sie sich durch die Schaffung von immer mehr europäischer Gemeinsamkeit allmählich erledigt. Die deutsche Antwort auf die Leitfrage zu diesem Buch kann also nur lauten: so viel Einigung, dass es für keinen Europäer mehr eine deutsche Frage gibt.

Schließlich sind für die deutsche Position in Europa noch die beiden Aspekte zu beachten, die sich am besten mit den etwas platten, aber doch einigermaßen zutreffenden Bezeichnungen *Berliner Republik* und *deutscher Weg* erfassen lassen. Seit dem Umzug der deutschen Hauptstadt von Bonn nach Berlin wird viel und auch viel Unsinn über die so genannte „Berliner Republik" geredet. Die Bezeichnung ist allerdings sinnvoll, wenn mit ihr ein notwendiger Neuanfang bzw. Umbau der deutschen Politik verstanden wird. Die Entwicklungen vom 11. September 2001 bis heute haben in der internationalen Politik deren aus dem Kalten Krieg überkommenen Strukturen endgültig beseitigt. In Deutschland machte sich etwa zeitgleich die Überzeugung breit, dass die Strukturen des alten, im Kalten Krieg hergestellten Westblock-Deutschlands nicht mehr zeitgemäß sind.

Beispiele hierfür sind: Der Wohlfahrtsstaat, der seine Form in der langen Phase der großen Angst vor dem Kommunismus gefunden hatte, muss hinterfragt werden. Die seit langem gesicherte Erkenntnis, dass in der Sozialversicherung der Generationenvertrag nicht haltbar und auch alles andere als logisch und vernünftig ist, setzt sich auf einmal durch. Die rundum ungerechte Wohnungsprämie, die aus Adenauers Erkenntnis entstanden war, dass Hausbesitzer keine Revolutionen machen, wackelt. Die seit Jahr und Tag heiß umstrittene Wehrpflicht, die nur für die seit langem obsolete Verteidigung des Vaterlandes an der Grenze zur Sowjetischen Besatzungszone eingeführt worden war, scheint auf einmal fast lautlos von der Bildfläche zu verschwinden. Der Föderalismus, der zur Stabilisierung der neuen deutschen Demokratie eingeführt worden war, aber über die Jahre immer grotesker ausuferte, wird reformiert. Das schlitzohrige System Subventionen immer mehr über die Steuerverfahren zu verteilen, mit dem alle Parteien ihre Klientel bequem und diskret bedienen konnten, ist nicht mehr haltbar.

Doch nicht nur intern, auch innerhalb der internationalen Politik befindet sich die im Vergleich mit der Bonner doch recht unterschiedliche Berliner Republik in einer schwierigen Übergangsphase. Die deutsche Außenpolitik war von ihren Anfängen an immer in dem von den USA geführten transatlantischen Verbund gedacht, entschieden und durchgeführt worden. Die Grundlage hierfür waren ein großes Interesse der USA für ihren Frontstaat Deutschland und ein großes Vertrauen Deutschlands in die als seine Schutzmacht verstandenen USA. Diese Grundlagen sind entfallen. Der notwendige Übergang Deutschlands zu einer neuen außenpolitischen Grundposition gestaltete sich holprig. Die Qualität der Argumentation, mit der Deutschland 1999 seine Beteiligung am völkerrechtswidrigen Krieg der NATO gegen Jugoslawien begründete, ist der Argumentation der USA für die Begründung des Irak-Krieges nicht unähnlich. Das Wort von der nun endlich erreichten außenpolitischen Normalität Deutschlands, das damals die Runde machte, ist inzwischen erfreulicherweise verklungen.

Anlässlich des Irak-Krieges entstand für die deutsche Außenpolitik die Zielvorstellung von einem deutschen Weg. Sie war wie jede Außenpolitik, die aus innenpolitischen Motiven entsteht, unklar, widersprüchlich und missverständlich. Die Begleiterscheinungen ihrer Postulierung verstärkten diesen Eindruck. Doch hat sie einen richtigen Kern. Alle europäischen Staaten konnten nach dem Ende der Zwänge des Kalten Krieges, in die sie unmittelbar nach dem Ende des Zweiten Weltkrieges eingebunden worden waren, zu ihren früheren außenpolitischen Grundlinien und Traditionen zurückkehren. Sie mussten sie nur im Lichte der eingetretenen Veränderungen justieren. Die postkoloniale Außenpolitik von Frankreich und Großbritannien sind hierfür Beispiele.

Für Deutschland hingegen gibt es nichts aus der Zeit vor dem Zweiten Weltkrieg, wozu es zurückkehren könnte. Es kann andererseits seine totale Westbindung, die in den letzten Jahrzehnten die Richtschnur für seine Außenpolitik war, nicht fortsetzen. Denn den präzise strukturierten *Westen* mit seiner weltpolitischen Grundorientierung gegenüber dem Sowjetblock gibt es nicht mehr. Selbst seine für Deutschland so schöne Funktion als Wertegemeinschaft ist nicht mehr das, was sie mal gewesen sein soll. Und schon gar nicht kann Deutschland die immer komplizierter werdende Balance zwischen Paris und Washington zur Grundlage seiner Außenpolitik machen.

Die Berliner Republik muss sich ebenso wie im Inneren auch in ihrem Außenverhältnis von Dingen befreien, die nicht mehr in die heutige außenpolitische Landschaft passen. Man möchte der deutschen Außenpolitik eine ähnliche Parteien übergreifende Energie wünschen, wie sie die deutschen Parteien gegenwärtig für die Behandlung der internen Probleme entwickeln.

Auf jeden Fall wird Deutschland seinen künftigen Weg in der internationalen Politik selbst finden müssen. Er wird also zwangsläufig ein deutscher Weg sein. Aber was bisher zu diesem Begriff in Deutschland an Vorstellungen entwickelt worden ist, reicht für eine grundsätzliche und auf lange Sicht angelegte Orientierung nicht aus. Allerdings findet sich in der ersten Regierungserklärung der rot-grünen Koalition nach den (nicht zuletzt mit dem Argument des deutschen Weges gewonnenen) Wahlen vom 29. Oktober 2002 der richtungweisende Hinweis, dass deutsche Außenpolitik „Politik in Europa, für Europa und als Folge dessen auch von Europa aus“ sein werde.

Das wäre der richtige deutsche Weg in der Weltpolitik, denn in unübersichtlichen Verhältnissen und in unsicheren Zeiten muss man wissen, wo man hingehört. Deutschland gehört nach Europa. Ferner muss jede Außenpolitik für ihre Gesamtstrategie, aber auch für ihre einzelnen Teile immer einen festen und verlässlichen Punkt haben, von dem aus sie entwickelt wird. Dieser Punkt muss für Deutschland die EU sein. Gute Außenpolitik muss dauerhaft und verlässlich sein. Das kann Deutschland am besten dadurch erreichen, dass es sich und seine Außenpolitik in die EU einbindet. Dies alles hat nichts mit einer deutschen Frage zu tun, sondern allein mit einer realistischen Einschätzung der deutschen Möglichkeiten für eine vernünftige deutsche Außenpolitik, die gleichermaßen im deutschen und europäischen Interesse liegt.

Der Euro

Der Euro ist in der Welt der Währungen bekanntlich ein Unikat. Er ist das bisher gewagteste und widersprüchlichste Unternehmen der EU. Er gehört zu denjenigen Politikbereichen, in denen die Interessen der Staaten gegenüber der Vision vom geeinten Europa beträchtlich überwiegen. Seine Krise vom November 2003 war hausgemacht. Auf die Frage, wie viel Einigung Europa braucht, kann es in Bezug auf den Euro eigentlich nur eine Antwort geben. Aber der Reihe nach.

Die Grundlagen des Euro

Das breite öffentliche Interesse, das der Euro vor und bei seiner Einführung gefunden hatte, und die teils hitzigen Diskussionen, die damals über ihn geführt worden waren, sind Vergangenheit. Heute rangiert der Euro in der europäischen Öffentlichkeit unter ferner liefen. Doch die jüngsten Entwicklungen zeigen, dass er ein durchaus gegenwärtiges und ein insbesondere für die

Einigung Europas wichtiges Thema und Problem geblieben ist. Für die Beurteilung seiner Grundlagen ist an fünf Fakten zu erinnern.

Erstens ist die Währungspolitik neben der Außen- und Sicherheitspolitik der dritte der drei Politikbereiche, in denen sich die staatliche Souveränität traditionell am stärksten verwirklicht. Jede Währung ist Teil der Grundlage und starker Ausdruck nationalstaatlicher Geschlossenheit des Staates, dem sie zugehört. Währungen sind also Teile besonders starker politischer und rechtlicher Zusammenschlüsse von Gemeinschaften. Ein derartiger Zusammenschluss fehlt sowohl der EU als auch den 12 EU-Staaten, die den Euro als gemeinsame Währung haben.

Zweitens sind die wenigen früheren Versuche, eine einheitliche Währung für mehrere Staaten zu schaffen, immer gescheitert. Am bekanntesten ist das Unternehmen der britischen Kolonien in Nordamerika nach dem Ende der britischen Oberhoheit im 18. Jahrhundert. Sie hatten vergeblich versucht, für ihre zunächst nur lockere Konföderation eine gemeinsame Bank of North America zu installieren. Erst nachdem 1788 die USA gegründet waren, konnte Schritt für Schritt die Währungsvielfalt der Bundesstaaten, die teilweise selbst Dollars herausgegeben und untereinander Wechselkurse vereinbart hatten, überwunden werden. Und erst 1913 wurde in den USA das zentrale und bis heute bestehende Federal Reserve System eingeführt. Solche Erfahrungen blieben in der Politik, die zur Einführung des Euro führte, unberücksichtigt.

Drittens lassen sich aus der Vorgeschichte des Euro einige bis heute wichtige Voraussetzungen für eine gemeinsame europäische Währung erkennen, insbesondere in dem erwähnten ersten Versuch, dem 1970 von dem damaligen luxemburgischen Ministerpräsidenten Pierre Werner ausgearbeiteten *Werner-Plan* für die Gründung einer europäischen *Wirtschafts- und Währungsunion* (WWU). Pierre Werner verstand in seinem Vorschlag die

Gründung auftragsgemäß als „einen Vorgang von grundlegender politischer Bedeutung, der eine progressive Entwicklung der politischen Zusammenarbeit voraussetzt. Die Wirtschafts- und Währungsunion erscheint somit als ein Ferment für die Entwicklung der politischen Union, ohne die sie auf die Dauer nicht bestehen kann."

Diese ganz nach der damals praktizierten Methode Monnet konzipierte WWU sollte Teil eines insgesamt überstaatlich geeinten Europas sein. Sie begann 1971, kam jedoch über ein kurzes Anfangsstadium nicht hinaus. Aber ihre Logik war zweifellos schlüssig, dass man für eine WWU einen politischen und rechtlichen Zusammenschluss schaffen müsse, der in etwa ebenso fest ist, wie er für eine nationale Währung sein muss. Auch die seither gesammelten Erfahrungen zeigen, dass auch heute noch mehrere Staaten eigentlich nur dann eine gemeinsame stabile Währung haben können, wenn sie bereit sind, sich gleichzeitig konsequent nach der Methode Monnet zusammenschließen. Man hätte dies für den Euro zumindest dergestalt machen können, dass man wenigstens für das für seine Steuerung geschaffene Euro-System eine Konstruktion nach der Methode Monnet gefunden hätte. Dann hätte es heute vermutlich keine Euro-Krise gegeben.

Damals, vor über 30 Jahren, konnte zwar noch gemeinsam in Richtung einer überstaatlichen europäischen Einigung mithilfe einer überstaatlich verfassten WWU gedacht werden. Aber es war schon nicht mehr möglich, gemeinsam wenigsten einen ersten konkreten und konsequenten Schritt in diese Richtung zu machen. Der Werner-Plan zeigt, was nötig ist. Das heutige Euro-System zeigt, was möglich ist. Die Krise des Euro zeigte, dass das Nötige bis heute nicht möglich ist.

Vor drei Jahrzehnten bestand allein schon aus dem Grunde ein Bedürfnis für ein europäisches Währungssystem, weil die USA 1971 die Golddeckung des Dollars aufgegeben und damit praktisch das Weltwährungssystem ausgehebelt hatten, das auf ihre Initiative 1944 in Bretton Woods gegründet worden war (*Bretton-Woods-System*) und bis 1971 funktioniert hatte. Desgleichen waren die nach dem Scheitern des Werner-Plans installierten europäischen Währungssysteme dann strikt zwischenstaatlich aufgebaut. So auch das wichtigste und am längsten praktizierte von ihnen, das 1979 begonnene und bis zur Einführung des Euro gehandhabte „Europäische Währungssystem" (EWS). Es hatte zwar eine gemeinsame Verrechnungseinheit, den Ecu (European Currency Unit), beschränkte sich aber darauf, die Wechselkurse zwischen den EG-Staaten innerhalb bestimmter Bandbreiten und notfalls mithilfe von Interventionen ihrer Zentralbanken zu stabilisieren. Anders als bei der Einführung des Euro wurde hier die Erkenntnis beachtet, dass das bisherige EG/EU-System und eine gemeinsame Währung schlecht zusammenpassen.

Viertens gab es einen wichtigen und praktisch unabweisbaren Grund für die Schaffung eines im Vergleich mit dem EWS verbesserten europäischen Währungssystems. Der Gemeinsame Binnenmarkt und das Projekt, ihn zu einer Wirtschafts- und Währungsunion fortzuentwickeln, machten auch ein europäisches Währungssystem erforderlich. Generell war zudem unter dem Gesichtspunkt der europäischen Einigung auch eine Einigung im schwierigen Bereich der Währungen ein Thema. Das war so seit dem Werner-Plan und blieb bis heute so. Aber auf eine praktikable und bewährte Lösung wurde zugunsten des Euro verzichtet.

Fünftens gab es einen zwar nicht unabweisbaren aber ausschlaggebenden Grund dafür, in der EG/EU statt eines üblichen Währungssystems eine Einheitswährung einzuführen. Er erläutert sich aus seiner Entstehung. Ende der 80er Jahre machten sich die EU-Staaten bekanntlich daran, mit dem Vertrag von Maastricht (EUV) anstelle der bis dahin eher lockeren wirtschafts- und währungspolitischen Zusammenarbeit eine vollständige WWU anzuvisieren. Zur Vorbereitung des Projekts setzten sie 1988 eine Kommission unter der Leitung von Jacques Delors ein. Sie legte im April 1989 den umfangreichen *Delors-Bericht zur Wirtschafts- und Währungsunion in der EG* vor. Daraus sind im hiesigen Zusammenhang zwei Punkte wichtig.

Zum einen wird die einigungspolitische Kernfrage untersucht, inwieweit die WWU über- bzw. zwischenstaatlich konstruiert sein sollte. Als Ergebnis heißt es, eine Analyse habe ergeben, „dass nach dem derzeit geltenden einzelstaatlichen Recht kein Mitgliedstaat Entscheidungsbefugnisse an ein Gemeinschaftsgremium übertragen kann, und dass vielen Ländern eine Beteiligung an Mechanismen für eine verbindliche Ex-ante-Koordinierung der Politiken nicht möglich ist". Was im Klartext heißt, die EG/EU-Staaten wollten kein überstaatliches Wirtschafts- und Währungssystem. Was mit dem Werner-Plan gedacht und (erfolglos) versucht worden war, wurde jetzt nicht einmal mehr bedacht, sondern direkt ausgeschlossen. Zum anderen wird in dem Delors-Bericht gemäß einer Vorgabe der EG/EU-Staaten eine gemeinsame europäische Währung vorgeschlagen, jedoch mit dem Zusatz „obwohl eine gemeinsame Währung für die Schaffung einer Währungsunion nicht unbedingt notwendig wäre".

Aber sie kam. Denn der tatsächliche Grund für die *Einführung des Euro* war eben die nur auf diese Weise mögliche *Abschaffung der Deutschmark.* Die Deutschmark hatte sich derart zur europäischen Leitwährung entwickelt, dass die anderen elf EG-Staaten und dazu einige europäische Staaten außerhalb der EG gezwungen waren, in ihrer Währungspolitik der Währungssteuerung der deutschen Bundesbank für die Deutschmark zu folgen. Einige kleinere Staaten verzichteten ganz auf eine eigene Währungspolitik. Dieses Problem rührte an eines der wichtigsten Segmente nationaler Souveränität und damit an den Nationalstolz der elf anderen EG/EU-Staaten. Es wuchs sich hierdurch zu einem handfesten machtpolitischen Problem aus. Stillschweigend bildete sich in der EG immer stärker der Standpunkt heraus, dass dieses Problem nicht mehr in Rahmen üblicher Währungssysteme, sondern nur durch die Abschaffung der Deutschmark gelöst werden könne.

Als dann wenige Monate nach der Vorlage des Delors-Berichts die Berliner Mauer fiel und schnell klar wurde, dass sich die Bundesrepublik Deutschland um die DDR vergrößern werde, wandelte sich diese Auffassung ohne weitere Diskussion zur Entscheidung. Die massiven Interessen der elf EG-Staaten siegten über das, was für die Einigung Europas ratsam und vernünftig gewesen wäre. Die Deutschmark war als europäische Leitwährung gut fundiert gewesen und hatte auch durchaus europäisch gewirkt. Um sie durch eine europäische Währung zu ersetzen, nahm man eine in mehr als einer Hinsicht fragwürdige Konstruktion für den Euro in Kauf. Die für dieses Unternehmen instrumentalisierte Vision von einem mithilfe des Euro besonders fest geeinten Europas war inhaltlich irrig und blieb politisch Rhetorik.

Deutschland bemühte sich noch, die anvisierte Wirtschafts- und Währungsunion zum Teil einer wirklichen fest geschlossenen Politischen Union zu machen, oder wenigstens eine einigermaßen überstaatliche Konstruktion für den Euro zu erreichen. Dieses Bemühen war – ganz unabhängig von allen natürlich auch stark vorhandenen nationalen deutschen Belangen und Ambitionen – im Sinne der Einigung Europas absolut richtig. Doch versickerte es so schnell im Sand, wie es begonnen hatte. Allerdings hätte auch eine etwas verbesserte, mehr überstaatliche Konstruktion des Euro-Systems die Euro-Krise vom Dezember 2003 vermutlich nicht verhindern können. Aber mit einem solchen Euro-System als einem gewissermaßen ruhendem Pol im Streit der EG/EU-Staaten hätte man der Krise eventuell vorbauen oder sie in ihrem Ablauf vielleicht besser steuern können.

Das Entscheidende aber war dies: Für die Währung eines

Staates oder auch Staatenverbundes sind und bleiben die beiden Voraussetzungen einmal ein fester Zusammenschluss und zum anderen ein unabweisbares Bedürfnis, für das gesamte Geldwesen des Staates oder Staatenverbundes eine fundierte einheitliche wirtschaftliche und finanzpolitische Ordnung zu schaffen. Beide Voraussetzungen fehlen dem Euro.

Das Euro-System

Die Einführung des Euro bzw. die Liquidierung der nationalen Währungen der 12 Euro-Staaten war von massiver Propaganda begleitet, die in der ebenso grotesken wie peinlichen Verleihung des Aachener Karlspreises an den Euro gipfelte. Infolgedessen und durch das geringe öffentliche Interesse am Euro bestehen die damals werbend in Umlauf gebrachten Meinungen bis heute fort: Der Euro werde durch die *Europäische Zentralbank* (EZB) so gehütet wie früher die Deutschmark durch die Bundesbank. Die Euro-Staaten hätten sich mit einem *Stabilitätspakt* vertraglich verpflichtet, ihren Euro stabil zu halten, und wenn sie dieser Verpflichtung nicht nachkämen, müssten sie Geldbußen zahlen. Tatsächlich funktioniert das Euro-System aber, wie sich dies schon unmittelbar nach seiner wirklichen Einführung am 1. Januar 2002 deutlich zeigte, doch etwas anders.

Das beginnt damit, dass es die immer vollmundig erwähnte europäische Wirtschafts- und Währungsunion noch gar nicht gibt. Sie wird zwar in der Präambel zum EUV als eines der Ziele dieses Vertrages genannt. Aber im EGV, in dem die Wirtschafts- und Währungspolitik der EU-Staaten (einschließlich des Euro-Systems) niedergelegt ist, findet sich für sie nur der Titel VII mit der trockenen Überschrift „Die Wirtschafts- und Währungspolitik" (Art. 98–115 EGV). Was hier festgelegt ist, könnte aber keineswegs den an eine wirkliche WWU zu stellenden Ansprüchen genügen. Der Euro ist da, die WWU noch nicht. Das gewagte Unternehmen Euro soll nach dem „Prinzip Hoffnung" vorangebracht werden.

Die Wirtschaftspolitik (Art. 98–104 EGV) soll wie bisher ausschließlich die nationalen Wirtschaftspolitiken koordinieren. Einigermaßen präzise Vorgaben hat sie lediglich für die Förderung der Haushaltsdisziplin in den 25 EU-Staaten. Die Währungspolitik (Art. 105–115 EGV) umfasst den Aufbau und die Funktion des *Europäischen Systems der Zentralbanken* (ESZB), das für die Steuerung des Euro geschaffen wurde. Ferner gehören zu diesem Teil des EGV noch etliche Protokolle sowie einige Verordnungen und Entschließungen des Rates der EU. Das Euro-System wird also sowohl von der Wirtschafts- als auch der Währungspolitik aller 25 EU-Staaten getragen. Von hier ab wird die für unsere Betrachtung notwendige Übersicht über dieses System leider etwas komplizierter.

Das ESZB ist für die Währungs- und Geldpolitik mit der Währung Euro zuständig und hat darüber hinaus die Aufgaben, „zur Verwirklichung der Ziele der EG beizutragen“, „die allgemeine Wirtschaftspolitik der EG zu unterstützen“ usw. sowie insbesondere für die EG-Staaten „die Preisstabilität zu gewährleisten“. Das ESZB besteht aus den zwölf nationalen Zentralbanken der am Euro teilnehmenden EU-Staaten und der Europäischen Zentralbank (EZB). Es wird von einem EZB-Rat geleitet, der wiederum aus dem Direktorium der EZB besteht, dessen Präsident und weitere fünf Mitglieder vom Europäischen Rat berufen werden, sowie aus den Präsidenten der zwölf nationalen Zentralbanken. Es ergibt sich also folgende Form des Zusammenwirkens bei der Hütung des Euro: ESZB + EZB = EZB-Rat.

Diese besonders verschachtelte Konstruktion wäre an sich nicht nötig. Es wäre nahe liegend und durchaus einfacher gewesen, dem *Delors-Bericht* zu folgen, in dem schlicht ein aus den genannten 18 Personen zu bildender *ESZB-Rat* vorgeschlagen worden war. Die jetzige Konstruktion hat man offenbar aus optischen Gründen gewählt, denn dadurch erscheint die EZB bedeutender, als sie tatsächlich ist. Zudem ähnelt das Ganze optisch auch etwas der früheren deutschen Bundesbank, was, wie erinnerlich, wichtig war, um in Deutschland die öffentliche Meinung für den Euro zu gewinnen. Das ist ein typisches Beispiel für das aufwändige Bemühen, den Euro als mehr erscheinen zu lassen, als er ist. Was sich aber so kompakt und fast wie über dem Getümmel der Staaten stehend darstellt, ist im Grunde eine zwischenstaatliche Veranstaltung.

In ihr entsprechen die Positionen der sechs Mitglieder des EZB-Direktoriums ihrer Qualität nach beinahe den Positionen des Präsidenten und der Mitglieder der EU-Kommission. Die zwölf Präsidenten der nationalen Zentralbanken aber sind Mitglieder des ESZB, eben weil sie Präsidenten derjenigen nationalen Zentralbanken sind, aus denen sich das ESZB in erster Linie zusammensetzt. Sie sind Mitglieder aus eigenem nationalen Recht. Sie verbleiben selbstverständlich gleichzeitig in ihrer jeweiligen nationalen Position und in der Verantwortung, die mit ihr einhergeht. Sie dürfen zwar als Mitglieder des EZB-Rates von niemandem Weisungen entgegennehmen (Art. 108 EGV), aber sie dürfen auch ihre heimatlichen Pflichten nicht verletzen. Und sie bleiben in der Regel selbstverständlich und ganz natürlich in ihrer persönlichen Lebensgestaltung ihrer Heimat verbunden. Das heißt, ihre Positionen im EZB-Rat gleichen nach ihrer Qualität ungefähr den Positionen der Vertreter der EU-Staaten im Rat der EU.

Der EZB-Rat fasst seine Beschlüsse mit einfacher Mehrheit seiner 18 Mitglieder. Die Präsidenten der nationalen Zentralbanken sind im EZB-Rat mit zwei Drittel seiner Mitglieder tendenziell mehrheitsbestimmend. Ferner entscheiden sie allein über das Budget der EZB und damit über deren personelle, aber auch analytische und andere Möglichkeiten. Die unterschiedlichen Gewichte illustrieren sich z. B. durch die Möglichkeiten, Herrschaftswissen zu erhalten. Die EZB hat gerade mal ca. 500 Mitarbeiter, während den Präsidenten der zwölf Zentralbanken insgesamt ein Vielfaches von Mitarbeitern zuarbeitet.

Der währungspolitische Teil des Euro-Systems (ESZB + EZB = EZB-Rat) ist also alles andere als irgendeine nationale Zentralbank auf internationalem Niveau oder mit internationalem Auftrag. Das System schwebt auch nicht irgendwie über den Staaten. Der feine, aber gravierende Unterschied zwischen der alten Deutschen Bundesbank und dem neuen ESZB ist eben, dass die Bundesbank national war, und das ESZB international ist. Mit ihm wird der Euro unter Mitwirkung des Direktoriums der EZB von zwölf hochrangigen Vertretern von zwölf Staaten mit zwölf Meinungen aus zwölf wirtschafts-, finanz- und sozialpolitischen Lebensräumen gehütet. Das System ESZB + EZB = EZB-Rat ist kaum mehr als eine neue finanzpolitische Form des internationalen Multilateralismus.

Hinzu kommt die so genannte *Euro-Gruppe.* In ihr haben sich die Finanzminister der zwölf Euro-Staaten zusammengefunden. Hier wollen sie ihre finanzpolitische Kohärenz untereinander sicherstellen und sich – was vertraglich nicht vorgesehen ist – an der Außenvertretung des Euro beteiligen. Sie soll gemeinsame Sache des Präsidenten der EZB, des jeweiligen Vorsitzenden der Euro-Gruppe und eines Vertreters eines der drei Euro-Staaten sein, die gleichzeitig Mitglieder der sieben führenden Industrienationen und Russlands, der so genannten G 8, sind, also Deutschland, Frankreich oder Italien. Das Verfahren entstammt dem Wunsch nach zwischenstaatlich organisierter politischer Beteiligung an der Hütung des angeblich sich ganz alleine hütenden Euro.

Das System ESZB + EZB = EZB-Rat hat mit der Erfüllung seiner Aufgaben nicht etwa nur den zwölf Euro-Staaten, sondern gemäß EGV allen EU-Staaten zu dienen. Da aber nur zwölf von ihnen am Euro und damit am EZB-Rat teilnehmen, wurde zusätzlich ein so genannter „Erweiterter EZB-Rat“ eingerichtet, in dem unter dem Vorsitz des Präsidenten und Vizepräsidenten des EZB alle 25 Präsidenten der nationalen Zentralbanken in beratender Funktion versammelt sind. Ansonsten gestaltet sich das Verhältnis der nicht am Euro teilnehmenden EU-Staaten zum Euro in etwa so wie früher das Verhältnis der übrigen EG-Staaten zur Deutschmark.

Insbesondere ist die Pflege der für den Euro und seine Stabilität maßgeblichen wirtschaftlichen Basis nicht Aufgabe der 12 Euro-Staaten, sondern der Wirtschaftspolitik der EG insgesamt, also der 25 EU-Staaten. Sie sind zudem (gemäß dem den Euro unmittelbar betreffenden Art. 104 EGV) verantwortlich für die Überwachung der Stabilitätspolitik der 25 EU-Staaten, also ihrer eigenen Stabilitätspolitik. Die Verfahren hierfür sind mit Ausnahme der Entscheidungen mit qualifizierter Mehrheit ganz unverbildet zwischenstaatlich. Zuständig ist der Rat bzw. der Rat der Wirtschafts- und Finanzminister, der so genannte Ecofin (économie et finances).

Das Euro-System verwirklicht sich somit einmal durch das System ESZB + EZB = EZB-Rat der 12 Euro-Staaten und zum anderen durch den Ecofin der 25 EU-Staaten. Seine Überwachung der Stabilitätspolitik konzentriert sich in erster Linie auf die Defizite der öffentlichen Haushalte und den öffentlichen Schuldenstand der 25 EU-Staaten. Bei Überschreitung eines bestimmten Umfanges sind Konsequenzen bis zu „Geldbußen in angemessener Höhe" vorgesehen. Die dabei geltenden Grenzwerte sind ein Haushaltsdefizit von nicht mehr als drei Prozent des Bruttoinlandsprodukts (BIP) und ein öffentlicher Schuldenstand von nicht mehr als 60 Prozent des BIP. Die EU-Kommission hat das Amt des Wächters über die Verfahren inne.

Allerdings zeichnen sich die Texte für die Stabilitätspolitik dadurch aus, dass sie fast immer nur *Absichtserklärungen* bzw. *Kann-Vorschriften* bereithalten. Das heißt, die Texte beschreiben die Ziele, die man erreichen sollte. Aber ob sie erreicht werden, hängt vom Ecofin ab, der sich an die Zielvorgaben und Erklärungen halten kann oder auch nicht. So sind z. B. schon die beiden Grenzwerte von drei bzw. 60 Prozent weder im Vertrag enthalten, noch sind sie von vorneherein bindende Werte. Sie sind dem EGV nur in einem Protokoll und lediglich als „Referenzwerte“ beigegeben.

Desgleichen handelt es sich bei dem auf deutsches Drängen zustande gekommenen so genannten „Stabilitätspakt“ nicht etwa (wie man bei dem Begriff „Pakt“ meinen könnte) um einen Vertrag. Es handelt sich lediglich um eine Entschließung (Dok. 97/C 236/01 v. 17. Juni 1997) und zwei Verordnungen des Europäischen Rats. Damit werden den EU-Staaten, der EU-Kommission und dem Rat für ihre Stabilitätspolitik „feste politische Leitlinien an die Hand“ gegeben, und diese verpflichten sich, den Vertrag nach bestem Wissen und Gewissen zu erfüllen. Es handelt sich also nur um die Bekräftigung von vertraglichen Selbstverständlichkeiten.

Allerdings hat es sich eingebürgert, alle den Euro direkt oder indirekt betreffenden Regelungen im EGV und in den ihm beigefügten Dokumenten summarisch einfach als *Stabilitätspakt* zu bezeichnen. Das kann diesem Begriff Popularität und zusätzliches Gewicht verschaffen, jedoch ändert alles nichts daran, dass es sich bei den beiden Begriffen, auf denen die Euro-Politik gründet, nämlich der Wirtschafts- und Währungsunion und dem Stabilitätspakt, im Grunde um Schaupackungen handelt.

Die Überwachung der Stabilitätspolitiken der EU-Staaten durch die EU-Staaten und insbesondere die Überwachung der Einhaltung der für die Stabilitätspolitiken vorgegebenen Referenzwerte sind ein politischer Vorgang. Im Ecofin sind nach Lage der Dinge meistens 24 Staaten Richter und ein Staat ist Angeklagter. Letzteres Schicksal kann aber natürlich auch jedem der 24 „Richter-Staaten“ widerfahren. Hierdurch entsteht im Ecofin eine Situation, die nicht gerade den Hang zu strenger Jurisdiktion fördert. Und gleichzeitig schaffen auch hier mal wieder (ähnlich wie beim Subsidiaritätsprinzip) geeignete Formulierungen des Vertragstextes weiten politischen Spielraum. Beispielsweise wenn die 24 Staaten zu entscheiden haben, ob im

25. Staat ein Defizit „hinreichend rückläufig ist", ob es sich „rasch genug dem Referenzwert nähert" usw.

Der Ecofin ist das für die Stabilität des Euro wichtigste Gremium. Er ist aber nichts anderes als eines der vielen Gremien im EG/EU-Verbund. Wie dort, so kooperieren die EU-Staaten auch hier miteinander. Wie dort, so versuchen sie auch hier gleichzeitig ihre eigenen Interessen durchzusetzen oder zumindest zu wahren. Wie dort, so gibt es auch hier das Geben und Nehmen, sprich: den Interessenausgleich. Doch für die Hütung einer für 12 EU-Staaten gemeinsamen Währung durch diese und weitere 13 EU-Staaten bedürfte es offenkundig eines höheren Grades an Gemeinsamkeit. Die EU-Staaten haben den Euro in die Welt gesetzt, aber darauf verzichtet, die für ein solches Projekt erforderlichen strukturellen, rechtlichen und politischen Voraussetzungen zu schaffen. Die hiermit entstandene Situation lässt sich in drei Punkten zusammenfassen:

- Erstens ist der Euro mit seinen Banknoten und Münzen und als Objekt der internationalen Währungsmärkte zweifellos eine überstaatliche Währung. Doch wird er gemäß den Bestimmungen des EGV mit dem System ESZB + EZB = EZB-Rat zwischenstaatlich gehütet. Nach allen internationalen Erfahrungen muss bezweifelt werden, dass ein solches Euro-System auf Dauer störungsfrei arbeiten kann.
- Zweitens besteht das Euro-System aus zwei Staatengruppierungen. Die zwölf Euro-Staaten haben ihn als Währung, die 25 EU-Staaten sind als Herren ihrer jeweiligen nationalen Finanz- und Wirtschaftspolitik für seine Stabilität verantwortlich. Das macht den Euro zu einem ganz gewöhnlichen Gegenstand ganz üblicher Politik in der EU der 25 Staaten. Es ist davon auszugehen, dass die EU-Staaten in schwierigen Situationen als die Herren des Euro, die sie kraft EUV sind, ausschließlich politisch und in Orientierung an ihren nationalen Interessen handeln. Der Euro ist, wenn es ernst oder gar kritisch wird, eine zwischenstaatliche politische Veranstaltung.

– Drittens fehlt dem Euro eine einheitliche wirtschaftliche Basis. Die Grundlage für sein Funktionieren besteht aus 25 Volkswirtschaften, Finanz- und Steuersystemen. Es ist auf Dauer vermutlich die größte Schwäche des Euro-Systems, dass in der „Wirtschafts- und Währungspolitik" des EGV die Wirtschaftspolitik sträflich unterentwickelt ist.

Die Krise des Euro

1992 hatte der französische Staatspräsident François Mitterand in propagandistischer Absicht (vor dem Referendum über den Maastricht-Vertrag in Frankreich), aber gleichwohl in richtiger Einschätzung des Euro-Systems, im französischen Fernsehen gesagt: „Die Zentralbank wird gar nichts entscheiden. Vor allem wird sie keine wirtschaftspolitischen Entscheidungen treffen. Der Europäische Rat, die gewählten Regierungschefs, werden die Entscheidungen fällen … und nicht die Technokraten oder Weisen der Europäischen Zentralbank." Nur ein Jahrzehnt später und fast zeitgleich mit der wirklichen Einführung des Euro mit Banknoten und Münzen am 1. Januar 2002 ist für das Euro-System dieser Ernstfall eingetreten.

Er hatte sich sogar schon vorher abgezeichnet, als einige EU-Staaten Schwierigkeiten hatten oder ihnen der Wille fehlte, ihre Haushaltsdefizite unter drei Prozent des BIP zu halten. Die Lage wurde dadurch verschärft, dass diese Staaten gleichzeitig auch große Euro-Staaten waren. In erster Linie ging es um Deutschland und Frankreich. Im Februar 2002 wollte die EU-Kommission gemäß dem Frühwarnsystem, das mit dem Euro-System vorgegeben ist, Deutschland einen Mahnbrief schicken. Er wurde vom Ecofin angehalten, der zwar den Kritikpunkten der Kommission zustimmte, es dann aber bei einer Ermahnung beließ, nachdem Deutschland zugesagt hatte, den Haushalt bis 2004 zu konsolidieren. Von da an begann ein Hin und Her zwischen der EU-Kommission, dem Ecofin und den inkriminierten EU-Staaten darüber, wie mit den Defiziten umzugehen sei.

Das Gezerre zog sich mit Unterbrechungen über ein Jahr bis in den Sommer 2003 hin. Streckenweise war es von einer öffentlichen Diskussion darüber begleitet, ob das Euro-System (*der Stabilitätspakt*) überhaupt (noch) sinnvoll sei, ob man nicht neue Wege gehen müsse usw. Sie erinnerte stellenweise an die Diskussionen, die vor der Einführung des Euro geführt worden waren. Gelegentlich geriet sie zur Kakophonie. Bemerkenswert war aber vor allem, mit welcher Leichtigkeit und Unbekümmertheit das Pro und Contra einer Beibehaltung oder Änderung des Euro-Systems diskutiert wurde, obwohl es doch erst die erste wirkliche Schwierigkeit mit dem Euro seit seiner Einführung war. Eine konkrete Initiative, an ihm etwas zu ändern, wurde jedoch von keiner Seite ergriffen.

Ab Sommer 2003 spitzten sich die Auseinandersetzungen zur Krise zu, nachdem deutlich geworden war, dass Deutschland seine Zusage für 2004 nicht einhalten könne. Die Defizit-Staaten wollten an ihren Defiziten festhalten. Die zuständigen Gremien und Organe der EU wollten dem im Sinne des Euro-Systems entgegenwirken. Die Fronten verhärteten sich derart, dass Kompromisse immer unwahrscheinlicher schienen. Es drohte die Gefahr, die der Ecofin 2002 mit seinem Kompromiss hatte verhindern wollen, dass es nämlich in dem Konflikt nur noch deutliche Sieger und deutliche Verlierer geben werde. Verschärfend wirkte, dass sich die Euro-Gruppe (!) mehrheitlich gegen die EU-Kommission stellte. Daraufhin folgte genau das, was François Mitterrand elf Jahre zuvor vorausgesagt hatte: Der Ecofin beschloss, das Defizit-Verfahren auszusetzen, und verpflichtete Deutschland und Frankreich ohne Androhung von Sanktionen, ihre Haushaltsdefizite im Jahre 2005 auf unter drei Prozent des BIP zurückzubringen.

Damit war der bisherige Höhepunkt der Krise des Euro erreicht. Deutschland, Frankreich und Italien (die im Übrigen in der damaligen EU der 15 über zwei Drittel des gesamten BIP der EU erwirtschafteten) konnten mit geschlossenem Auftreten die für die Aussetzung des Verfahrens erforderliche Mehrheit erreichen. Partikulare Interessen einzelner Staaten hatten sich gegenüber der Zielsetzung des EGV durchgesetzt, Gemeinsamkeit für alle EU-Staaten zu erreichen und zu vertiefen. Das System ESZB + EZB = EZB-Rat blieb außerhalb des Geschehens. Von Visionen war nirgends die Rede. Der Eklat war da.

Diese Krise erhält ihre besondere Bedeutung dadurch, dass das Euro-System nicht irgendein, sondern ein gewichtiger und spektakulärer Teil des Gesamtsystems der EU ist. Sie wirkt sich daher weit über den engeren Bereich des Euro-Systems hinaus aus. Die EU-Kommission wurde von den EU-Staaten in ihrer Funktion als Wächterin des den Euro betreffenden Artikels 104 EGV und damit unvermeidlich auch in ihrer für die Einigung Europas größeren Funktion als *die Wächterin der Verträge* vorgeführt. Die Krise ist Wasser auf die Mühlen der Gegner der europäischen Einigung. Alles was von den Bürgern Europas mit dem Begriff Stabilitätspakt in Verbindung gebracht wird, hat einen erheblichen *Vertrauensverlust* erlitten. Dabei ist nicht ohne Pikanterie, dass ausgerechnet Deutschland als der Erfinder dieses so genannten Paktes jetzt der Vorreiter für seine Beschädigung war.

Das entschlossene Vorgehen der drei größten Euro-Staaten im eigenen Interesse war für die neuen EU-Staaten eine prägende Erfahrung. Es spricht viel für die Annahme, dass sie den letzten Anstoß für die anschließende Ablehnung des Vertrages für Europa gegeben hat. Zu befürchten ist, dass das Handeln der Drei zu einem Freibrief für ein Nachlassen der Haushaltsdisziplin in der EU wird. Denn man wird künftig andere und vor allem die kleineren Staaten nicht für etwas zur Rechenschaft ziehen oder sie gar bestrafen können, was man den zwei wirtschaftlich größten Staaten nachgesehen hat.

Die Entscheidung des Ecofin vom Dezember 2003 im Sinne der Staaten mit Haushaltsdefiziten kann keine Dauerlösung der Krise sein. Diese kann nur dadurch überwunden werden, dass die von ihr verursachten Schäden behoben werden. Doch wie das geschehen kann, ist eine offene Frage. Der Vorgang zeigt, dass Krisen und politische Handlungsweisen wie die Jetzigen dem Euro-System immanent sind. Und man sollte nicht übersehen, dass es eine derartige Krise schon einmal und zwar noch vor der Einführung des Euro gegeben hatte. Nur wurde sie damals nicht als Krise, sondern als sinnvolles politisches Handeln verstanden.

Wie erinnerlich, waren in den 90er Jahren die beiden infrage stehenden Referenzwerte von drei Prozent Haushaltsdefizit bzw. 60 Prozent Gesamtverschuldung die beiden wichtigsten Werte, nach denen damals beurteilt wurde, welche EG-Staaten in der Lage waren, an der künftigen Einheitswährung Euro teilzunehmen. 1997 wurden alle Referenzwerte jedoch nur von Luxemburg erreicht. Es war aber unumgänglich, die neue Währung mit einer großen Euro-Gruppe zu beginnen. Denn die Verwirklichung einer unter strenger Beachtung der Referenzwerte zustande gekommenen kleinen Euro-Gruppe wäre im Europäischen Rat am Widerstand der übrigen Staaten gescheitert.

Also wurde die Euro-Gruppe nach dem Motto zusammengestellt: *Wer rein will, muss auch rein können.* Das damals ironisch als „kreative Buchführung" bezeichnete Mittel zur Erreichung dieses Ziels bestand aus einem Bündel von Tricks. Es wurden Verbuchungen von Gutschriften vorgezogen und Verbuchungen von Lastschriften auf einen späteren Zeitpunkt verschoben. Kapitalbestände von staatlichen Monopolbetrieben für Pensionsvorsorge wurde vorübergehend in den Staatshaushalt überwiesen, Goldbestände umgeschichtet oder für kurze Zeit verkauft. Den Vogel schoss Italien ab: Es erhob eine Euro-Steuer und gab gleichzeitig bekannt, dass sie nach dem Beitritt Italiens zum Euro wieder zurückgezahlt werde. Was dann auch geschah, und der Euro konnte termingemäß starten.

Im Vorfeld der jetzigen Krise des Euro war diese Art politischer Gestaltung, mit der das Euro-System zustande gekommen ist, erneut zutage getreten. Sie hat dann zur Krise geführt und schließlich deren Verlauf bestimmt. Das ist die Art politischer Gestaltung, die heute in der EU üblich ist, die aber leider nicht zum Euro passt.

Die Zukunft des Euro

Die Betrachtung des Euro ist in diesem Buch auf die Frage nach seiner Funktion im Prozess der Einigung Europas eingegrenzt. Für die Frage, wie es mit dem Euro weitergehen kann, sollten aber noch einige zusätzliche Aspekte berücksichtigt werden, die für den Einigungsprozess unter bestimmten Bedingungen von Bedeutung sein können, auch wenn dazu nach zwei Jahren Euro fundierte Erfahrungen noch fehlen.

– Die Vor- und Nachteile des Euro sind nach der bisherigen Erfahrung vorwiegend technischer Natur. Innerhalb der EU scheinen die Vorteile für die Gruppierungen, die im Allgemeinen summarisch als „die Wirtschaft" bezeichnet werden, größer zu sein als für die einzelnen Bürger. Bei den Nachteilen verhält es sich offenbar umgekehrt.
– Der an den internationalen Devisenmärkten registrierte *Außenwert* des Euro ist nur sehr bedingt vom inneren Zustand der EU abhängig. Er kann, wie auch schon seine kurze Geschichte gezeigt hat, bei ausgeglichenen öffentlichen Haushalten der EU-Staaten wenig wert sein. Er kletterte auf dem Höhepunkt seiner durch Haushaltsdefizite ausgelösten Krise und kurz danach auf seinen bisherigen Höchstwert. Ähnlich verhielt es sich mit den Aktienkursen. Auf die Frage, wie weit der Außenwert des Euro von der EU und wie weit er von dem Wert des Dollars abhängt, gibt es je nach Geschmack und Laune unterschiedliche Antworten. Für den Einigungsprozess wäre wohl nur ein dramatischer und dauerhafter Wertverfall des Euro bedeutsam.
– Für die *Zinspolitik* mit dem Euro gilt Ähnliches. Es mag sein, dass die öffentlich kritisierte Zurückhaltung des EZB-Rates

in der Zinspolitik im Jahre 2002, dem ersten Jahr des Euro, ihren Grund darin hatte, dass in ihm die 12 Präsidenten der nationalen Notenbanken in der für sie neuen Situation aus Sorge, etwas falsch zu machen, lieber nichts taten. Aber ein Blick Richtung USA zeigt, dass dies nicht die ganze Geschichte zu sein braucht. Die amerikanische Zentralbank hatte 2001 (vor dem 11. September) den Leitzins für den Dollar ca. zehnmal gesenkt, ohne dass damit die Rezession verschwunden wäre.

- Zu möglichen *gesellschaftlichen Auswirkungen* des Euro angesichts der fortbestehenden Unterschiede in den Wirtschafts- und Sozialpolitiken der EU-Staaten sind bisher nur Vermutungen möglich. Beispielsweise die, dass die früher für die EU-Staaten bestehende Möglichkeit, ihren Export durch Abwertung ihrer Währung zu fördern, weggefallen ist, und ein vergleichbarer Effekt jetzt nur noch durch Senkung der Produktionskosten, sprich der Löhne, erreicht werden kann.
- Die bekannte Auffassung, dass nur ein starker Staat eine starke Währung haben könne, lässt sich für den Euro nicht einfach übernehmen. Sie geht auf die Geschichte des Pfunds und des Dollars zurück. Ab dem 18. Jahrhundert wurde das Pfund mit der Entstehung des British Empire zur Leitwährung. Mit Beginn des 20. Jahrhunderts ist es in dieser Funktion vom Dollar abgelöst worden. Der gängigen Vorstellung, der Dollar werde als Leitwährung durch die militärische Macht der USA gestützt, widersprechen die Rollen, die als Leitwährungen, wenn auch in bescheidenerem Umfang, früher die Deutschmark spielte und heute immer noch der Yen und in begrenzterem Umfang auch der Schweizerfranken spielt. Die Stärke des Euro wird davon abhängen, dass die EU ein fest geeinter und stabiler Wirtschaftsfaktor wird und bleibt.
- Verlässliche Maßstäbe dafür, in welcher mangelhaften Stabi-

litätslage es für den Euro wirklich kritisch wird, fehlen noch. Denn es ist ja nicht so, dass 2003 nur Deutschland und Frankreich Probleme gehabt hätten, und sonst alles in Ordnung gewesen wäre. Der Durchschnitt der Haushaltdefizite lag bei 2,8 Prozent des Bruttoinlandsprodukts (BIP). Portugal lag darüber, Italien und die Niederlande lagen knapp darunter. Italien nur dank seiner „kreativen Buchführung", die es weiter fortführt. Im Bereich des langfristigen Schuldenstandes lag der EU-Durchschnitt bei 69 Prozent BIP, also erheblich über der Norm. Deutschland und Frankreich lagen um 60 Prozent, Belgien, Griechenland und Italien aber bei weit über 100 Prozent BIP. Die Frage, ob das Euro-System nicht zu starr ist bzw. nicht zu starr gehandhabt wird, ist nicht ganz ohne Berechtigung. Sie richtet sich aber weniger an die, die den Euro heute hüten, mehr an die, die ihn gemacht haben.

Die Antwort auf unsere Leitfrage, wie viel Einigung Europa braucht, lässt sich bezüglich des Euro also leicht finden. Sie müsste bei sorgfältiger Berücksichtigung aller Aspekte lauten: Europa braucht für seine Einigung keinen Euro. Denn der Euro ist nicht als Teil des Einigungsprozesses, sondern quer zu ihm „hergestellt" worden. Die Geschichte seiner Entstehung und seiner bisherigen Existenz ist eine Geschichte der Widersprüche, Kontroversen und Krisen. Er widerspricht diametral dem für die künftige Einigung Europas empfehlenswerten Subsidiaritätsprinzip. Er bildet den Gegensatz zu der Logik, die im Einigungsprozess gerade auf einen präzisen Plan, eine Finalität und andere starre Konstruktionen verzichtet hat. Er kann entweder Europa auf Dauer spalten, oder sich selbst gefährden, indem er ganz Europa in sein System aufnimmt. Der Einigung Europas wäre unter den gegenwärtigen und den voraussehbaren künftigen Umständen mit einem multinationalen Währungssystem der traditionellen Art besser gedient als mit der multinationalen Einheitswährung Euro.

Es wird hier nicht für die Abschaffung des Euro plädiert. Doch die existierende Problemlage ist transparenter unter der Berücksichtigung, dass auch eine Abschaffung – bzw. Neudeutsch: ein *Rückbau* – des Euro durchaus in Erwägung gezogen werden könnte. Die 1918 gegründete Tschechoslowakei hat sich 1993 einschließlich ihrer Währung ohne große Schwierigkeiten und ohne schädliche Folgen in Tschechien oder Slowakei aufgeteilt. Ein Rückbau des von vorneherein multinational konstruierten und erst seit 2002 existierenden Euro zu zwölf nationalen Währungen dürfte nicht schwieriger oder gefährlicher sein. Gegenwärtig denkt natürlich niemand daran, den Euro abschaffen zu wollen. Allein schon, weil dann der Anlass, aus dem er geschaffen wurde, wieder da wäre. Die Forderung besteht vielmehr darin, die Schwächen des Euro konsequent zu beheben. Dafür wären drei Dinge nötig.

- Erstens müsste das Projekt Wirtschafts- und Währungsunion (WWU) nicht nur, wie hier bereits aus Gründen der Einigung gefordert wurde, sondern auch und gerade wegen des Projektes Euro ernster und energischer als bisher vorangebracht werden. Denn die groteske Diskrepanz zwischen der Ankündigung der WWU bzw. der rhetorischen Behauptung, dass es sie gebe, und ihrem Nicht-Vorhandensein ist die größte Schwäche des Euro-Systems und der EG-Politik insgesamt.
- Zweitens müssten alle unter dem Begriff „Stabilitätspakt" zusammengefassten Regelungen so geändert werden, dass sie auch in unterschiedlichen und wechselnden konjunkturellen Situationen sinnvoll und störungsfrei angewandt werden können. Denn dieser „Pakt" wurde zu stark dem Zweck der Vertreibung deutscher Währungsängste und zu wenig im Hinblick auf die Hütung einer neuartigen multinationalen Währung konzipiert.
- Drittens müssten innerhalb des EZB-Rats das Gewicht der EZB verstärkt, das der Präsidenten der nationalen Noten-

banken entsprechend reduziert und die Regeln für den Ecofin verbessert werden. Denn das gegenwärtig im Euro-System eingebaute Verhältnis zwischen einheitlicher Währung und multinationalem Banken- und Ratssystem birgt Gefahren für das Abenteuer Euro.

Für diese Überarbeitung des Euro-Systems bedürfte es wahrscheinlich keiner neuen vertraglichen Regelungen. Alle Veränderungen könnten vermutlich mit rechtlich einfacheren Verfahren (Empfehlungen, Entschließungen und Verordnungen des Rates usw.) erreicht werden. Die Überarbeitung würde den EU-Staaten angesichts ihrer eindeutigen Bevorzugung von zwischenstaatlichen und kooperativen Verfahren für die Einigung viel abverlangen. Aber es ist dies wahrscheinlich die einzige Möglichkeit, die Krise des Euro wirklich zu beenden, und das durch sie schwer geschädigte Vertrauen in ihn wiederherzustellen. Sollte das nicht gelingen, könnten wohl Verwerfungen im Euro-System bis hin zu seiner Auflösung nicht ausgeschlossen werden.

Kurz, der Euro muss auf die ihm adäquate Weise gehütet werden. Das heißt, Europa braucht, wenn der Euro und für ihn das Euro-System beibehalten werden sollen, in diesem System mehr überstaatliche Einigung. Es braucht sie gerade auch, um in den Bereichen außerhalb des Euro-Systems die von den EU-Staaten mehrheitlich gewünschten lockereren Formen der europäischen Einigung erfolgreich fortführen zu können.

III. Grenzen der Einigung

Der Einigung Europas sind kulturelle, gesellschaftliche und geografische Grenzen gesetzt. Sie sind spezifisch europäische Grenzziehungen. Hier geht es also nicht nur um die Frage, wie viel Einigung Europa braucht, sondern auch darum, wie viel Einigung Europas überhaupt möglich ist.

Die Kultur Europas

Das neue Europa soll auf seiner alten, reichen und lebendigen Kultur gründen. Die Kultur Europas umfasst bekanntermaßen sowohl europäische Gemeinsamkeiten als auch eine Vielfalt von partikularen nationalen, regionalen, örtlichen und anderen Elementen. Für ihre Gesamtheit hat sich daher der Begriff von der *Einheit in der Vielfalt* bzw. von der *Vielfalt in der Einheit* eingebürgert.

Die Bedeutung der Kultur für die europäische Einigungspolitik wird bis heute unterschätzt. Dabei soll schon Jean Monnet sie erkannt und in seinen späten Jahren gesagt haben, wenn er nochmals mit europäischer Einigung zu beginnen hätte, würde er mit der Kultur anfangen. Es scheint ihm offenbar klar geworden zu sein, dass nicht die Wirtschaft, sondern die Kultur das für Europa Typische und Wesentliche ist. Doch wie er mit seiner Methode Europa kulturell hätte einigen wollen, blieb sein Geheimnis.

Das Kulturleben

Die EU-Staaten pflegen, wie alle anderen Staaten auch, mit allen Staaten, zu denen sie Beziehungen unterhalten, auch kulturelle Beziehungen, den so genannten *Kulturaustausch*. Sie tun dies traditionell mit dem Ziel, ihre internationale Position zu verbessern und in anderen Ländern Einfluss und Sympathie zu gewinnen. Aber bis heute präsentieren sie sich in den internationalen kulturellen Beziehungen nur in Ausnahmefällen gemeinsam als Vertreter ihrer gemeinsamen europäischen Kultur. Die Kultur bleibt im europäischen Selbstverständnis der EU-Staaten ein Reservat ihrer nationalen Identität und Politik.

Die Kultur war in der EG/EU der ersten vier Jahrzehnte ihrer Einigungspolitik kein Thema. Im EG-Vertrag existierte die Kultur lediglich kurz als „nationales Kulturgut von künstlerischem, geschichtlichem oder archäologischem Wert“. Forschung, Bildung, Erziehung, Berufsausbildung usw. werden bis heute vornehmlich als flankierende Bereiche der Wirtschafts- und Währungsunion und ihres Gemeinsamen Binnenmarktes verstanden. Die übrigen Kulturbereiche, also all das, was im Allgemeinen als das „Kulturleben“ bezeichnet wird (Künste, Literatur, Geisteswissenschaften usw.), kamen in der Politik der EG nicht vor.

Erst 1993 wurde in den EGV ein Artikel „Kultur“ mit fünf Absätzen aufgenommen (Art. 151). Er enthält Ausführungen zum Umgang mit Kultur innerhalb der EU und im Außenverhältnis. Die EG soll die „Verbesserung der Kenntnis und Verbreitung der Kultur und Geschichte der europäischen Völker“ fördern und Ähnliches mehr. Gleichzeitig enthält der Artikel aber zwei für die hiesige Betrachtung der kulturellen Einheit und Vielfalt Europas bemerkenswerte Absätze:
Absatz (1): „Die Gemeinschaft leistet einen Beitrag zur Entfaltung der Kulturen der Mitgliedstaaten unter Wahrung ihrer nationalen und regionalen Vielfalt sowie gleichzeitiger Hervorhebung des gemeinsamen kulturellen Erbes.“
Absatz (4): „Die Gemeinschaft trägt bei ihrer Tätigkeit aufgrund anderer Bestimmungen dieses Vertrages den kulturellen Aspekten Rechnung, insbesondere zur Wahrung und Förderung der Vielfalt ihrer Kulturen.“

Somit ist in der EG/EU zum Thema Kultur festgelegt: Die kulturelle Einheit besteht für die europäische Politik im gemeinsamen kulturellen Erbe Europas. Die kulturelle Vielfalt ist das Aktuelle. Beides ist zu wahren. Auf beides ist Rücksicht zu nehmen. Auch im EUV ist die europäische Kultur ausschließlich als etwas zu Schützendes erwähnt. In der EG gab es schon länger eine Regelung für den Schutz der Umwelt (Art. 174–176 EGV), die so genannte „Umweltverträglichkeitsklausel". Mit dem Artikel 151 EGV gibt es nun auch eine Art „Kulturverträglichkeitsklausel". Sie wurde fast wörtlich in den Entwurf für die „Verfassung für Europa" übernommen. In deren Präambel wiederum wird die „Gewissheit" festgestellt, dass Europa am besten „in Vielfalt geeint" sei. Die EU respektiert, toleriert, schützt und fördert die europäische Kultur und insbesondere ihre Vielfalt. Diese fürsorgliche Nachlässigkeit im Umgang mit der Kultur im Prozess der europäischen Einigung entspricht dem generellen Umgang mit ihr in der internationalen Politik.

Ausnahmen bilden neben den erwähnten nationalen Aktivitäten die Entwicklungspolitik – und seit 1993 auch die EU. Mit dem Ziel, einen gemeinsamen *Kulturraum Europa* zu schaffen, hat sie beträchtliche Aktivitäten entwickelt. Zu ihnen gehören u. a. die Wahl europäischer Kulturhauptstädte, ein umfangreiches fünfjähriges (2000–2004) Förderprogramm *Kultur 2000*, Partnerschaften und vieles mehr. Eine Erfolgsanalyse ist kaum möglich. Sicher aber ist, dass auf diese Weise von offizieller politischer Seite ein wertvoller Beitrag zu dem geleistet wird, was hier eingangs als die Selbsteuropäisierung der Bürger Europas bezeichnet worden ist. Wobei es sich jedoch bei dieser Kulturarbeit (nur) um die Summe kultureller Hervorbringungen, interessanter Traditionen und Innovationen und noch interessanterer Kontroversen über sie handelt, kurz um das, was im Allgemeinen das *Kulturleben* oder auch den *Kulturbetrieb* ausmacht.

Die Lebenskulturen

Um die Bedeutung der Kultur Europas für die europäische Einigungspolitik einzuschätzen, muss von einem umfassenderen Kulturbegriff ausgegangen werden. Gemeint ist die gruppenspezifische gemeinsame *Lebenskultur.* Sie umfasst die Gesamtheit der Eigenarten menschlichen Zusammenlebens, wie sie sich durch die unterschiedliche Pflege und Ausbildung menschlicher Fähigkeiten über den bloßen Urzustand und die schiere Subsistenz hinaus in den einzelnen Gruppen, Stämmen, Völkern, Staaten und Regionen unterschiedlich herausgebildet haben. Im hiesigen Zusammenhang der unterschiedlichen Lebenskulturen interessieren selbstverständlich vor allem die politischen Kulturen, also die in jeder Lebenskultur eigene und typische Form Politik zu gestalten.

Dieses Verständnis europäischer Kultur verdeutlicht, dass die Einigung Europas in letzter Konsequenz ein umfassender und geopolitisch verwurzelter kultureller Vorgang ist. Zudem zeigt alle Erfahrung, dass in ihm nicht die Einheit, sondern die Vielfalt das prägende Element ist. Sie dürfte ihre frühesten Ursprünge in den besonderen Naturgegebenheiten unseres Kontinents gehabt haben, die eher die Unterteilungen als die Einheitlichkeit fördern. Nirgendwo in der Welt gibt es auf einer Fläche von einer mit Europa vergleichbaren Größe eine ähnlich starke Aufteilung durch Flüsse, Täler, Gebirge und Klimate. Oder umgekehrt: Nirgendwo in Europa gibt es so große freie Flächen, so gewaltige Flussniederungen und Gebirgszüge und so weit ausgreifende Klimazonen wie in Afrika, Australien, Asien, Nord- und Südamerika.

Diese Voraussetzungen haben die für Europa und seine Geschichte typische ethnische und vor allem kulturelle, aber auch wirtschaftliche und politische Vielfalt gefördert, wenn nicht gar bewirkt. Auf ihrer Grundlage entstanden in Europa immer wieder die tief wurzelnden und typisch europäischen Spannungs- und Konkurrenzverhältnisse, durch die die großen europäischen politischen, wissenschaftlichen, gesellschaftlichen und gerade auch die im engeren Sinne des Wortes kulturellen Leistungen zustande gekommen sind. Wobei natürlich auch die kulturelle Einheit Europas und ihre Hervorbringungen letztlich immer nur das Konzentrat aus den Teilen der kulturellen Vielfalt sein können.

In der Rhetorik der Einigungspolitik wird allerdings gerne die kulturelle Einheit hervorgehoben. Gegenwärtig ist immer mehr von einer vagen *Idee Europa* die Rede. Sie meint offensichtlich eine Art europäischer Entwicklung von allem Europäischen, das sich historisch bis in die Antike und sogar bis in mythische Vorzeiten zurückverfolgen lasse. Das gipfelt in der bekannten nahöstlichen Königstocher *Europa*, die der in einen Stier verwandelte Zeus nach Kreta entführt hatte, um dort mit ihr den späteren König Minos, den Schöpfer der ersten europäischen Hochkultur, zu zeugen.

Derartige Rückgriffe in den letzten Winkel der Geschichte entspringen der alten Neigung, große Ideen und markante politische Ereignisse zusätzlich zu untermauern. Sie werden als etwas interpretiert, das schon lange, womöglich schon in grauer Vorzeit, ein viel gehegter Wunsch war, der nun endlich in Erfüllung gehe. Eine Neigung, die mit Blick auf die Einigung Europas vor allem unter den Euro-Romantikern verbreitet ist. Zur politischen Einigung Europas und insbesondere zu ihrer Verwirklichung mit den Mitteln der EU können solche Rückverweisungen allerdings nichts beitragen.

Selbstverständlich gab es in Europa eine besondere und in der Weltgeschichte einzigartige Entwicklung. Sie reicht von der rationalen Weltsicht, die ihren Ursprung in der europäischen Antike hatte, über die europäische christliche Gemeinsamkeit, den Humanismus, die Renaissance, die Aufklärung und den Werte-Kanon der amerikanischen Unabhängigkeitsbewegung und der Französischen Revolution bis zum Aufbruch in die moderne Wissenschaft. Aber mit dem heutigen Streben nach enger und dauerhafter Einigung der Staaten Europas hat das alles wenig zu tun. Die Einigung ist nicht etwa ein weiterer Schritt bei der Verwirklichung eines Traums vom Fortschritt. Sie ist nicht mehr und nicht weniger als eine aktuelle, dem heutigen Europa und der Verantwortung für seine Zukunft verpflichtete Politik, die die aktuellen Interessen und Visionen der Europäer widerspiegelt.

Das manifestiert sich besonders deutlich an der stolzen und ständig zitierten Vorstellung von Europa als einer *Wertegemeinschaft.* Sie ist sachlich sicher richtig, wird aber politisch auf übertriebene Weise beansprucht. Zu den „Werten der Union“, die in dem Entwurf für eine „Verfassung für Europa“ (Art. 2) und in der in ihr enthaltenen „Charta der Grundrechte der Union“ genannt sind, gehören an erster Stelle Freiheit, Demokratie, Gleichheit und Rechtsstaatlichkeit. Als Beispiel sei hier die *Wahrung der Menschenrechte* herausgegriffen, da sie einen besonders konkreten Bezug zur Politik hat. Dieser Wert ist nicht spezifisch europäisch, er ist seit langem für fast alle Staaten der Welt verbindlich und in zahlreichen Menschenrechtskonventionen der UNO niedergelegt. Die „Werte der Union“ sind universale Werte. Sie mögen in Europa ihren Ursprung haben und hier vielleicht etwas besser gewahrt werden als anderswo. Sie sind aber keineswegs als europäische Einmaligkeit ausgewiesen.

Die Werte der europäischen Wertegemeinschaft sind *politisch* auch nicht das *Ein und Alles* der Europäer und könnten es realistischerweise auch gar nicht sein. Sie können politisch immer nur Teil einer umfangreicheren europäischen Entscheidungsfindung sein. Wäre es anders, hätte die EU z. B. schon lange massiv gegen die ständigen extremen Menschenrechtsverletzungen im amerikanischen Gefangenenlager Guantanamo auf Kuba protestieren müssen. Sie hat es bisher nicht getan, weil die Menschenrechte hier eben nur einer von mehreren Gesichtspunkten ihrer Meinungsbildung und Entscheidung waren.

Das Beispiel zeigt deutlich, dass die Rangfolge der Werte durchaus variabel sein kann. In diesem Fall hatte für die USA der (von der EU respektierte) Wert der Nation offenbar höheren Rang als der Wert Menschenrechte. Es ist deutlich, dass es in der EU eine gewisse Tendenz gibt, die Werte für die Politik zu instrumentalisieren. Aber die gemeinsamen Werte sind in Europa und in der EU nichts anderes als einfach das unumstrittene und gemeinsam geachtete *Vorhandene*, das selbstverständlicher Bestandteil der Grundlage für europäische Politik ist oder jedenfalls sein sollte. Aber einen Impuls für weitere politische Einigung können und sollen die Werte nicht leisten.

Ähnlich steht es mit der Vorstellung von dem einigenden Wert der christlichen Religion(en) für die Einigung Europas insbesondere einem *christlichen Abendland* Europa. Der ethische Wert des Christentums steht außer Zweifel. Aber die Vorstellung, dass von ihm eine grundsätzlich einigende Wirkung auf die europäische Politik ausgehe, oder dass die europäische Politik eine Pflicht hätte, sich für eine religiöse Einheit einzusetzen, hält einer Nachprüfung nicht stand. Zwar war in den anfänglichen zwei Jahrzehnten der Einigung die EGKS/EWG/EG gelegentlich als ein christlicher abendländischer Block gegenüber dem atheistischen Sowjetblock verstanden worden. Doch schon damals erwies sich, trotz der Zwänge des Kalten Krieges, der Versuch einer solchen Christianisierung der europäischen Politik als ein historischer und politischer und vor allem auch kultureller Irrtum.

Die Einigung Europas kann allein schon deshalb kein christliches Projekt sein, weil das europäische Christentum nicht einheitlich ist. Schon das Mittelalter mit seiner einheitlichen christlichen Prägung war ein Zeitalter europäischer politischer Uneinigkeiten. Sie verstärkten sich im Laufe der Geschichte, fanden im religiös grundierten 30-jährigen Krieg einen Höhepunkt und setzten sich in den nicht zuletzt auch christlich akzentuierten Aktionen der Kolonialzeit fort. Heute ist Europa multireligiös und sein Christentum ist multichristlich, vom Anglikanismus bis zur Orthodoxie, vom spanischen und italienischen Katholizismus bis zum schwedischen Protestantismus.

Die für die heutige europäische Politik relevanten Werte entstammen, soweit sie allgemein gültige politische Bedeutung und Funktion haben, nicht den Religionen, sondern dem laizistischen Zeitalter der Aufklärung. In erster Linie gilt dies für die eingangs zitierte ethische Grundidee der Eliminierung des Krieges durch eine Politik der europäischen Einigung.

Die Europäer haben keine historisch-kulturellen Vorgaben und auch keine früheren politischen Einigungen zur Verfügung, an die sie anknüpfen könnten. Der jetzige Einigungsprozess ist nicht das Ergebnis irgendwelcher geschichtlicher Entwicklungen. Er vollzieht sich vorbildlos im Hier und Jetzt. Und es gibt für ihn auch keine Vorgaben, die zwingend aus irgendeiner höheren Einheit Europas abgeleitet werden könnten. Die Bedeutung der kulturellen Einheit Europas für die Einigung unseres Kontinents ist sehr viel geringer, als dies auf einen schnellen Blick hin erscheinen mag. Die Einheit Europas ist eine Außenansicht, die umso eindrucksvoller wird, je größer die Entfernung ist, aus der Europa betrachtet wird. Die Innenansicht bietet ein Bild der Vielfalt.

Die kulturellen Grenzen

Die hier aufgeführten Beispiele für die kulturelle Einheit Europas zeigten gewissermaßen, was Europa dank dieser Einheit nicht leisten kann. Die im Folgenden zu behandelnden kulturellen Besonderheiten und Eingrenzungen, die der Einigungspolitik dank der kulturellen Vielfalt Europas entgegenstehen, zeigen gewissermaßen, was die Einigungspolitik nicht durchsetzen kann.

An der Spitze steht natürlich die für Europa typische *Sprachenvielfalt*. Denn die herausragende Bedeutung der Sprache für kulturelle Individualität und zwischenmenschliche Kommunikation sowie für kulturelle und auch politische Ein- bzw. Abgrenzungen ist unbestritten. In Europa werden über 100 Sprachen gezählt, die als lebendige Muttersprachen gelten, d. h. die jeweils von mindestens 20.000 Menschen täglich gesprochen werden. Noch besser illustriert sich diese Vielfalt am Beispiel des Europäischen Parlaments (EP). Hier werden elf Sprachen verwendet. Aus Gründen der Rationalisierung wird nicht von jeder der elf Sprachen unmittelbar in jede andere von ihnen, sondern immer in zwei Schritten erst in die zwei *Relaissprachen* Englisch und Französisch und dann von diesen aus in die Zielsprache übersetzt.

Wollte man aber von jeder der elf Sprachen direkt in jede andere von ihnen übersetzen, dann wären hierfür 110 Übersetzungsvorgänge erforderlich. Das verdeutlicht eindrucksvoll die einzigartige kulturelle Vielfalt in der EU der 15 Staaten. In der künftigen EU mit 27 Staaten, d. h. einschließlich der 2007 beitretenden Staaten Bulgarien und Rumänien, wären für eine solche (theoretische) direkte Kommunikation zwischen den europäischen Parlamentariern rund 480 Übersetzungsvorgänge nötig. Die Sprachenvielfalt ist ohne Zweifel nicht nur der stärkste Ausdruck der kulturellen Vielfalt Europas, sondern auch die stärkste kulturelle Behinderung bzw. Eingrenzung der Einigung zwischen den Europäern.

Überdies ist Europa von weiteren kulturellen Trennlinien durchzogen. Sie verlaufen zwischen den nördlich-germanischen und südlich-romanischen und seit der jüngsten Erweiterung der EU auch zwischen westlichen und östlichen Staaten. Mit jeder Erweiterung hat sich die EU immer auch kulturell und damit – nicht ostentativ, aber doch spürbar – politisch verändert. Mal wurde sie südlicher, mal nördlicher und mit der jüngsten Erweiterung wurde sie deutlich östlicher. Angesichts der vorwiegend ethnischen und regionalen Eingrenzung der europäischen Lebenskulturen ist zudem die kulturell bedingte und seit langem zunehmende Regionalisierung in Europa von Interesse. Die Pflege regionaler Kulturen und Sprachen liegt seit einigen Jahren geradezu im Trend. Häufig kommen zu ihr politische Ansprüche auf Eigenständigkeit hinzu. Bemerkenswerte Beispiele sind die regionalen Verselbstständigungen von Schottland und Wales, aber auch die noch nicht ausgeräumte Möglichkeit, dass Belgien, ähnlich wie die Tschechoslowakei, in seine kulturell unterschiedlichen Teile zerfallen könnte.

Angestammte oder durch Zuwanderung neu entstandene Minderheitenprobleme akzentuieren die kulturelle Vielfalt. Zu den komplizierteren, durch kulturelle Minderheiten entstandene Konfliktherde zählte der im italienischen Südtirol/Alto Adige. Er konnte dank seiner Internationalisierung durch das Gruber-De-Gasperi-Abkommen von 1946 und durch eine mit ihr einhergehenden Europäisierung befriedet werden. Die nicht internationalisierten Konflikte in Nordirland und im Baskenland dauern an, die Autonomiebestrebungen im spanischen Katalonien werden immer deutlicher. In der Bretagne und auf Korsika hat das Streben nach mehr Eigenständigkeit Tradition usw.

Die Beispiele für politische Auswirkungen der kulturellen Vielfalt Europas illustrieren den Trend zur kulturell grundierten Individualisierung, Partikularisierung und Parzellierung in Europa. Nirgends sind einigende Wirkungen der Kultur(en) Europas erkennbar. 1993 wurde in der EU versucht, mit der Gründung des Ausschusses der Regionen (Art. 263–67 EGV), der beratende Funktion hat, die hemmenden Auswirkungen der Kulturen auf die Einigung abzufedern. Gelöst ist das Problem damit keineswegs.

Letztlich stellt sich durch die kulturelle Vielfalt ein grundsätzliches Problem: Einigung kann konsequenterweise nur dadurch erreicht werden, dass alle Problemlösungen allen unterschiedlichen Kulturen angeglichen werden. Oder dass sie von vornherein unter Berücksichtigung der in der EU vorhandenen unterschiedlichen Lebenskulturen und politischen Kulturen und den auf ihnen beruhenden unterschiedlichen Politiken entstehen. Und nur in den Fällen, in denen keine derartigen kulturellen Unterschiede bestehen oder in denen sie vernachlässigt werden können, wäre auch eine Einigung durch eine volle, das Kulturelle außer Acht lassende *Vereinheitlichung* möglich. Das heißt, von den beiden prototypischen Verfahren der Einigung entspricht der kulturellen Vielfalt Europas die Einigung durch *zwischenstaatliche Kooperation.* Ein kulturell einheitliches Europa aber, dem von vornherein eine Einigung durch *überstaatliche Integration* entsprechen würde, gibt es nicht und kann es auch nicht geben.

Eine bedeutsame Weichenstellung für die kulturelle Eingrenzung der europäischen Einigungspolitik war die bereits erwähnte Einführung des Subsidiaritätsprinzips in den Vertrag über die Europäische Gemeinschaft (EGV, Art. 5). Es ist letztlich die Antwort der kulturellen Vielfalt Europas auf die überstaatliche, also der kulturellen Vielfalt klar entgegenstehenden, Methode Monnet. Es ist die bisher konsequenteste Verwirklichung des hier früher zitierten Art. 151 EGV. Er scheint so lässig daherzukommen, enthält aber mit seinem Gebot, die kulturelle Vielfalt zu fördern, eine grundsätzliche Anweisung für die gesamte Politik der EU. Das Subsidiaritätsprinzip ist in seiner über den engeren Sachbereich der EG hinausgehenden grundsätzlichen Bedeutung als eine Anweisung für eine *Rekulturalisierung* der EU-Politik zu verstehen. Es beendet die Phase der Einigungspolitik, in der zur Erreichung einer möglichst festen Einigung so viel wie möglich überstaatlich *vergemeinschaftet* werden sollte. Es hat eine spürbare Signalwirkung in Richtung einer generell kulturverträglicheren Einigungspolitik.

Diese Rekulturalisierung bedeutet aber innerhalb des Staatenverbundes EU auch *Renationalisierung* der EU-Politik. Der Nationalstaat ist seit längerem in Misskredit geraten. Es ist Mode, ihn als überholt zu bezeichnen, doch niemand hat bisher sagen können, was, außer Utopien, an seine Stelle treten könnte. Alles, was mit unschönem Gebrauch der Begriffe *Staat* und *Nation* zusammenhängt – Kulturnation, Volksstaat, Nationalismus usw. – wird ständig und ausreichend abgehandelt und braucht daher hier nicht nochmals diskutiert zu werden. Doch für das Verständnis des Nationalstaats im hiesigen Zusammenhang sollte Folgendes festgehalten werden:

Der moderne Nationalstaat demokratischer Prägung ist, nach den Worten Winston Churchills, ein mieses politisches System, aber er ist das beste, das wir haben. Er ist, wie wir wissen, unverändert nach innen der beste Garant für die Sicherung von Menschen- und Bürgerrechten und für ein Zusammenleben der Menschen in Ordnung, Ausgleich und Toleranz. Er ist im Außenverhältnis die unverzichtbare, da universal legitimierte und akzeptierte rechtliche und politische Basiseinheit der internationalen Staatengemeinschaft. Er kann in der Weltpolitik ein wichtiger Akteur sein. Er ist das unverzichtbare Grundelement und der immer noch wichtigste Träger der europäischen Einigungspolitik. Er ist in der EU, unabhängig von den Unterschieden zwischen Staats- und Kulturgrenzen, nicht ausschließlich, aber auch ein legitimer Träger der Vielfalt der europäischen Kultur.

Wenn die Renationalisierung der EU-Politik bewirkt, dass die Einigung auf das angesichts der kulturellen Vielfalt Europas vertretbare Maß beschränkt wird, dient sie jedenfalls hier einem richtigen Zweck. Die Einigung Europas muss mit den von der kulturellen Einheit getragenen Werten in Einklang stehen. Sie muss, soll sie nicht das Europäische an Europa beschädigen, mit der kulturellen Vielfalt Europas konform sein. Insgesamt dürfte sich aus dem hier skizzierten Überblick über einen häufig vernachlässigten Aspekt der Einigung Europas ergeben, dass diese im Kern und vor allem hinsichtlich ihrer Langzeitwirkung eine kulturelle Unternehmung ist.

Schließlich ist auch die jüngste Osterweiterung der EU nicht nur unter politischen und wirtschaftlichen, sondern auch unter kulturellen Gesichtspunkten zu sehen und zu bewerten. Denn sie ist eines der bisher markantesten Ereignisse im Zusammenwirken von europäischer Einigungspolitik und Kultur. Mit ihr wurde die Beseitigung der Kluft zwischen Ost- und Westeuropa eingeleitet. Seit dem Ende des Kalten Krieges bestand sie vordergründig darin noch fort, dass die bisherigen EU-Staaten seit eh und je marktwirtschaftlich verfasst sind, während die osteuropäischen Staaten sechs Jahrzehnte Krieg, Chaos, Ausbeutung und Staatswirtschaft hinter sich haben. Die Probleme, die sich hieraus in der nun gemeinsamen EU ergeben, sind gewichtig, doch sicher lösbar. Gleichzeitig sollte aber nicht übersehen werden, dass es eine der großen Aufgaben einer richtig verstandenen europäischen Einigungspolitik sein muss, eine noch tiefer gehende historisch und kulturell bedingte Kluft zwischen Ost und West zu überwinden, die durch die europäische Geschichte und nicht zuletzt auch durch westeuropäisches Übergewicht in ihr entstanden ist.

Die Geschichte Europas liest sich seit den frühen Jahrhunderten primär als eine Geschichte Westeuropas, das sich immer wieder aus dem Osten bedroht sah. Bis heute mühen sich unsere Schulen, den Sieg Ottos des Großen über die Ungarn auf dem Lechfeld bei Augsburg (955) als ein für Schicksal und Kultur Europas markantes historisches Ereignis zu vermitteln. Es folgten die Jahrhunderte des westlichen Ausgreifens nach Osten, beginnend mit den Eroberungen des Deutschen Ordens und manches mehr in die gleiche Richtung.

Gewiss, zur Geschichte Europas gehören auch das litauisch-polnische Großreich (1386–1772) und 500 Jahre polnischer Verfassungsgeschichte, die beeindruckende Geschichte Böhmens und viele große politische und kulturelle Leistungen im östlichen Teil Europas mehr. Doch aus heutiger Sicht war dabei Europa nicht wirklich eine gleichmäßige und innerlich gleichartige Einheit. Vielmehr hat es sich in seiner Vielfalt in der Einheit intern immer mehr in west-östlicher als in ost-westlicher

Richtung entwickelt, kulturell etwa mit der Aufklärung, politisch etwa mit der Emanzipation der Bürger und der Entwicklung des modernen Nationalstaats demokratischer Prägung – dies alles wiederum unter aktiver osteuropäischer Beteiligung.

Der Hauptgrund für diese Entwicklungen und für die aus ihnen bis heute nachwirkenden Unterschiede zwischen West- und Osteuropa liegt zweifellos darin, dass in den letzten 200 Jahren, in denen die Völker Westeuropas zu ihren nationalstaatlichen Identitäten fanden, die Osteuropäer vorwiegend vom russischen, habsburgischen oder osmanischen Großreich und von Preußen fremd beherrscht waren. Die Französische Revolution (1789) endete für sie mit dem Wiener Kongress (1815). Und im 20. Jahrhundert folgte dann noch von 1939–1989 ein halbes Jahrhundert mit erst deutscher und dann sowjetrussischer Beherrschung.

Eine für die Einigung des heutigen Europas wichtige Auswirkung dieser Vorgeschichte ist, dass die Menschen von sechs der acht osteuropäischen Staaten, die jetzt in die EU aufgenommen wurden (Estland, Lettland, Litauen, Polen, Tschechien, Slowakei), nur in den zwei Jahrzehnten zwischen den beiden Weltkriegen in einem eigenen souveränen Nationalstaat moderner Prägung leben konnten. In Slowenien leben die Menschen heute zum ersten Mal in einem eigenen Staat. Ungarn hatte ein etwas besseres Schicksal. Die gesamteuropäische Einigung mit der EU ist ein tiefer gründendes und komplizierteres Unterfangen, als dass lediglich eine 40 Jahre lang wirksame kommunistische Ideologie und Wirtschaftsform durch Demokratie und Marktwirtschaft ersetzt würde. Historisch-kulturell gesehen wurde nicht nur die EU um zehn Staaten vergrößert, sondern auch die westliche und östliche Hälfte Europas wieder zusammengefügt.

Im so verstandenen Europa und im Rahmen der rekulturalisierten Einigungspolitik stellt sich die Frage, wie viel Einigung Europa braucht dahingehend, wie viel Einigung angesichts der zu erhaltenen kulturellen Vielfalt Europas möglich und wünschenswert ist. Vermutlich wird sich auch in mehr Sparten als bisher die Frage stellen, ob hier überstaatliche Verfahren nach der strikten Methode Monnet erforderlich sind, oder ob der Zweck nicht besser kooperativ erreicht werden kann. Es wäre sicher abwegig, wollte man alle Schwierigkeiten und Interessenkonflikte einfach als Auswirkungen der kulturellen Vielfalt Europas verstehen, die man notgedrungen einfach hinnehmen müsse. Die EU wird auch ihre kulturverträgliche Einigungspolitik so betreiben müssen, dass das Projekt einer festen Einigung Europas gefördert und dass es vor allem nicht gefährdet wird.

Sie wird dabei aber deutlich mehr als bisher berücksichtigen müssen, dass die Europäer sich zwar vereinen, nicht aber ihre Lebenskulturen vereinheitlichen oder verschmelzen wollen. Diese Haltung wird im neuen Europa, das aus seinen beiden Teilen wieder zusammengefügt ist, die früher Ost- und Westblock waren und sich davon unterschiedlich entwickelt hatten, zweifellos stärker wirksam sein als in den letzten Jahren. Es gab in Osteuropa auch Menschen, die meinten, der Beitritt zur EU sei ein Wechsel von einem Block zum anderen. Die Einigungspolitik der EU tritt mit der Erweiterung in eine spannende neue Phase. Hier könnte die Frage, wie viel Einigung Europa braucht, allein schon aus kulturellen Gründen zu einem vorherrschenden Thema werden. Kluge Politik wird sie ernst nehmen und sich darauf einrichten, den Europäern schlüssige und ihnen vermittelbare Antworten zu geben.

Die Bürger Europas

Als 1861 der piemontesische Graf Cavour den italienischen Nationalstaat geschaffen hatte, soll er einer Anekdote zufolge gesagt haben: „Wir haben Italien gemacht. Nun müssen wir die Italiener machen." Wie dauerhaft dieses Unternehmen gelungen ist, zeigt der Zuspruch zu dem Bemühen norditalienischer Politiker, Italien in einen südlichen und einen nördlichen Staat aufzuteilen. Der heutige Status der Europäer in der EU erinnert in gewisser Weise an die damalige Ausgangslage Italiens. Jedoch mit den Unterschieden, dass das geeinte Europa noch nicht gemacht ist, und dass die Frage, ob aus den Einwohnern des EU-Bereichs Europäer gemacht werden könnten oder sollten, außerhalb der realen Politik angesiedelt ist.

Aber was sind wir europäischen Bürger in der EU denn nun eigentlich? Was können, was wollen wir werden? Umfragen belegen, dass wir uns mit überwältigender Mehrheit irgendwie ganz stark als Europäer fühlen. Aber wie viele von uns würden schon ehrlich behaupten, sie verstünden sich wenigstens annähernd als wirkliche Bürger Europas? Also in etwa so, wie man sich als Bürger seines Staates versteht, auch wenn so etwas in Europa nicht möglich ist? Ein Europa, dessen Bürger die Stellung und die Möglichkeiten hätten, wie sie in jedem demokratisch regulierten Gemeinwesen die Bürger als dessen Souverän haben, gibt es nicht und wird es wohl auch nicht geben können. Dem stehen zunächst schon die Eigenart und Strukturen der EU entgegen.

Die EU ist ja alles andere als eine Bürgerorganisation. Sie ist eine wirtschaftlich grundierte Staatenorganisation, die nicht von den Bürgern, sondern von den Eliten, den politischen Klassen und den wirtschaftlichen Kräften der EU-Staaten gesteuert und voran gebracht wird. Von der EU geht kaum Solidarität und Geborgenheit aus, wie sie eine Gemeinde, eine Region oder auch ein Staat vermitteln können, sondern funktionale Rationalität. Die EU bietet keine Heimat. Die findet sich allenfalls in den Fluchtburgen *Europa der Vaterländer* oder *Europa der Regionen.* Der französische Europapolitiker Jacques Delors hatte dies einmal mit dem Hinweis erläutert: „In einen gemeinsamen Markt verliebt man sich nicht.“ Andererseits kann Europa aber auch nicht an seinen Bürgern vorbei geeinigt werden.

Die Bürger Europas sind, ähnlich wie die europäische Kultur, eindeutig ein Teil der für Europa typischen Vielfalt. Es zeigt sich, dass sie, ebenso wie die Kultur, der europäischen Einigung natürliche Grenzen setzen. Die Einigungspolitik kann auf Kultur und Bürger nicht direkt zugreifen, sie muss beide respektieren und sie gleichzeitig irgendwie einbeziehen. Für die Bürger lautet dazu in der EU die Standardformel, die Einigungspolitik müsse *bürgernah* gestaltet werden. Die Formel ist verräterisch, denn *Bürgernähe* zur Einigungspolitik meint eben nur Nähe zu ihr und damit auch Verweigerung des Zugriffs auf sie – man stelle sich vor, die Französische Revolution und die Bürgerbewegungen des 19. Jahrhunderts wären von ihren Initiatoren als „bürgernah" deklariert worden!

In der Tat lesen sich alle politischen Bekundungen in der EU zu ihr so: Bürgernähe meint nicht Beteiligung der Bürger am Einigungsprozess, sondern das Werben der Politik um ihr Verständnis für ihn. Bürgernähe ist in erster Linie ein Thema der europapolitischen Öffentlichkeitsarbeit. Eine tatsächliche Beteiligung der Bürger ist nur im Rahmen der so genannten „Demokratisierung der EU-Politik" vorgesehen.

Das Europa der Bürgernähe

Die *Bürgernähe* und *Demokratisierung* der EU-Politik kamen erst relativ spät und langsam in Gang. Erst 1975 wurde mit dem Tindemans-Bericht über ein „Europa für die Bürger", den der belgische Ministerpräsident Leo Tindemans auf Wunsch der Staats- und Regierungschefs der EU verfasst hatte, eine erste Grundlage für sie gelegt. 1984 wurde auf ähnliche Weise ein weiterer Bericht erstellt, in dem es nicht nur um die Bürger, sondern auch um die *Identität der EG* ging. 1979 fanden die ersten direkten Wahlen zum Europäischen Parlament (EP) statt. 2003 schließlich wurde von einem großen europäischen Konvent der Entwurf für eine „Verfassung für Europa" erarbeitet. Der Konvent wollte nach eigenem Bekunden „den Bürgern das europäische Projekt und die europäischen Organe näher bringen".

Die Aufgabe, die für die Schaffung eines Europas der Bürger tatsächlich zu erfüllen wäre, wäre umfassend. Es müsste erreicht werden, dass die Bürger der EU-Staaten das Gebiet der EU als ihren ganz selbstverständlichen und mit ihrer jeweiligen Heimat gleichwertigen „Lebensraum" verstehen. Das hatte bereits vor drei Jahrzehnten Leo Tindemans klar erkannt. Er kam in seinem Bericht zu dem Schluss, dass „der Aufbau Europas etwas anderes ist, als eine zwischenstaatliche Zusammenarbeit. Er ist eine Annäherung von Völkern, die gemeinsam ihre Gesellschaft den sich wandelnden Bedingungen in dieser Welt anpassen wollen". In einem solchen Europa sollten „europäische Beschlüsse und Taten als normales Mittel für die Lenkung unserer Gesellschaft und die Sicherung ihrer Zukunft gesehen werden".

Ohne ein selbstverständliches Bewusstsein der europäischen Bürger, dass sie in EU-Europa in einem gemeinsamen Lebensraum leben, bleibt die Einigung unvollständig. Ein solches Bewusstsein kann aber nicht individuell durch 450 Millionen Europäer entstehen, sondern nur im Zuge einer gesellschaftlichen Entwicklung in EU-Europa. Das *Europa der Bürger* kann nur, will es real und lebensfähig sein, ein *Europa der Gesellschaften* sein. Es wird vollständig als solches wohl nie zustande kommen können. Aber schon gewisse Annäherungen wären ein großer Fortschritt für eine wirkliche Einigung Europas.

Der Bericht von Tindemans fand damals Aufmerksamkeit und Anerkennung. Doch in der weiteren Einigungspolitik blieb die Vorstellung von einem über die Staatsgrenzen der EU-Staaten hinweg gesellschaftlich geeinten Europa der Bürger nicht viel mehr als ein etwas skurriles Nebenthema. Ein ähnliches Schicksal hatte der Folgebericht von 1984. Allerdings wurden im Laufe der Zeit in die gemeinsame europäische Politik neue und bürgernahe Themen aufgenommen, wie Regional-, Sozial-, Umwelt- und Verbraucherpolitik. Doch sollte nicht übersehen werden, dass diese Politikbereiche vorwiegend nur als flankierend zum Gemeinsamen Binnenmarkt verstanden werden und rechtlich und politisch eher schwach fundiert sind. Hinzu kommt, dass es gerade im gesellschaftspolitischen Bereich die noch von Tindemans anvisierte europäische Gesellschaft und damit auch eine wirkliche gemeinsame europäische Ordnung für alle Bürger Europas nicht geben kann, sondern bestenfalls einen Verbund von miteinander kommunizierenden Gesellschaften. Besonders deutlich zeigt sich dies an der Sozialpolitik. Es wäre z. B. in Deutschland wohl kaum möglich das Gesundheitssystem des britischen National Health Service oder das durch besonders hohe Steuern finanzierte schwedische Sozialsystem zu übernehmen, und umgekehrt würde man weder in Großbritannien noch in Schweden die deutschen sozialen Systeme übernehmen wollen.

Eine gewisse Bewegung in Richtung einer *Bürgerbeteiligung* ist mit dem Bemühen verbunden, die EU-Politik unmittelbar zu demokratisieren. Das Leitbild eines „Europas der Bürger" in der EU verwirklicht sich bekanntermaßen nicht durch direktes Handeln bzw. direkte Beteiligung seiner Bürger selbst, sondern nahezu ausschließlich indirekt über die Staaten. Für die Bürger der EU-Staaten stellt sich damit die Europapolitik vornehmlich als ein Teil der Politik der Regierung und des Parlaments ihres jeweiligen eigenen Staates dar. Dieses Verständnis ist korrekt, denn zwischen der Ebene der EU, ihrer Organe, ihrer Politik und der Ebene der Bürger EU-Europas liegt nach wie vor die machtvolle Ebene der für die EU-Politik entscheidenden Regierungen und Parlamente der EU-Staaten. Diese Grundstrukturen wiederum führen seit den Direktwahlen zum EP zu der immer wieder und immer mehr zu hörenden Klage, dass in der EU ein *Demokratiedefizit* bestehe, das die Entstehung eines demokratischen Europas der europäischen Bürger verhindere.

Diese Besorgnis geht jedoch rechtlich und politisch an der tatsächlichen Problematik vorbei. Denn die EU-Regierungen und die Parlamente der EU-Staaten sind ja durch die internen demokratischen Verfassungen der EU-Staaten vollständig demokratisch legitimiert. Womit auch gleichzeitig alle Arten von Politik, die sie innerhalb der EU verfolgen oder auch nur kontrollieren, demokratisch legitimiert sind. Die Klage über ein Demokratiedefizit scheint in besonderer Weise zweckgerichtet zu sein. Sie zielt meistens auf eine Verstärkung von Funktion und Zuständigkeiten des Europäischen Parlaments (EP). Ihr liegt der schlichte und eng begrenzte Tatbestand zugrunde, dass das EP seine Befugnisse nur von den EU-Staaten erhalten kann, aber offensichtlich nicht gerade deren liebstes Kind ist – sind doch das EP und die nationalen Parlamente in gewisser Weise Konkurrenten.

Bei der Klage über das Demokratiedefizit wird im Übrigen zu wenig berücksichtigt, dass das EP nach seiner Funktion und seinen Möglichkeiten nicht mit nationalen Parlamenten verglichen oder gar mit ihnen gleichgesetzt werden kann. Es ist Teil eines Ordnungssystems für einen Verbund von souveränen Staaten und somit ein Parlament von ganz neuer und besonderer zwischen- bzw. überstaatlicher Art. Es unterscheidet sich von nationalen Parlamenten zunächst dadurch, dass es, nicht für die gesamte politische Gestaltung in der EU, sondern eben nur für diejenigen Teile von ihr zuständig ist, die ihm von den EU-Staaten zugewiesen werden. Weiterhin hat das EP, anders als nationale Parlamente, keine einheitliche Regierung als Gegenüber. Sein Gegenüber ist das eher unterschiedliche Gespann aus dem Rat der EU und der EU-Kommission. Und schließlich gibt es in der EU keine europäischen Parteien.

Das EP zeichnet sich vor allem durch zwei wichtige Besonderheiten aus: Erstens gibt es in der EU, im Gegensatz zu Staaten, kein einheitliches europäisches Wahlvolk und es kann dies auch nicht geben. Die europäischen Wähler sind nicht europäisch, sondern durch die kulturelle und staatliche Vielfalt Europas geprägt und rechtlich definiert. Die Wahlen zum EP sind für sie ein Ereignis, das gewissermaßen außerhalb ihrer gewohnten (nationalstaatlichen) politischen Kultur steht. Auch die EP-Abgeordneten haben, obwohl sie im EP in Fraktionen von einigermaßen Gleichgesinnten zusammengefasst sind, ihre parteipolitische Heimat, wie ihren Wahlkreis, in ihrem Herkunftsland. Nicht nur die Wähler, auch die Abgeordneten sind Europäer nur zusätzlich zu ihrer insgesamt nationalen politischen Existenz.

Zweitens werden die Bürger EU-Europas im EP, anders als in nationalen Parlamenten, nicht einheitlich vertreten, sondern degressiv proportional und damit mit erheblichen qualitativen Ungleichheiten zwischen der Vertretung der Bürger aus den einzelnen EU-Staaten. Wie auch das sonstige EU-System begünstigt das System des EP die kleineren gegenüber den größeren EU-Staaten. Diese Tatsache lässt sich am besten am Unterschied zwischen Deutschland und Luxemburg verdeutlichen: Deutschland hat 82.431.000 Einwohner und 99 Abgeordnete im EP, Luxemburg hat 446.000 Einwohner und 6 Abgeordnete. Jeder deutsche Abgeordnete vertritt somit 832.636 deutsche Bürger, jeder luxemburgische Abgeordnete 74.333 luxemburgische Bürger. Die Stimmen luxemburgischer Wahlbürger wiegen also elf Mal so viel wie die Stimmen der deutschen Wahlbürger. Die Luxemburger sind mit dem EP in der EU parlamentarisch also elf Mal stärker vertreten als die deutschen.

Ein weiteres Beispiel für die stark eingegrenzte Bedeutung des EP und der mit ihm versuchten direkten Demokratisierung in der EU sind die Tendenzen zur Rechtsradikalität in EU-Staaten, vor allem in Österreich, Frankreich, den Niederlanden und Dänemark, aber auch in Belgien, Portugal und Italien. Gerade in diesem wichtigen Bereich sollte eigentlich das EP der zentrale europäische Platz für die politische Auseinandersetzung sein, aber es hat noch weniger Möglichkeiten als die Regierungen der EU-Staaten.

Das eigentliche Problem des EP besteht aber darin, dass

seine Kompetenzen – notwendigerweise – begrenzt sind. Die geringen Wahlbeteiligungen für das EP begründen sich einerseits in seiner schwachen Position und andererseits darin, dass diese von den Bürgern EU-Europas auch als solche wahrgenommen wird. Hinzu kommt, dass die Bürger Europas die Arbeit und die Leistungen, die das EP in seinen Grenzen erbringt, zwar schätzen – es ist die bei ihnen mit Abstand bekannteste Institution der EU –, aber sie können seine Arbeit kaum übersehen, geschweige denn wirklich beurteilen. Das liegt am System selbst. Um noch mal auf den Vergleich Luxemburg/Deutschland zurückzukommen: Die Wahlkreise der 6 Luxemburger Abgeordneten umfassen zusammen gerade ein Gebiet von der Größe der Stadt Bonn mit Umgebung. Die deutschen Abgeordneten aber haben viele so genannte „Flächenwahlkreise", die so groß sind, dass der Abgeordnete fast eine Legislaturperiode braucht, um sich den Wählern persönlich bekannt zu machen.

Diese Analyse soll die – trotz aller Unzulänglichkeiten – wichtige politische Rolle des EP innerhalb des Gefüges der EU nicht klein reden. Zweifellos hat es eine wichtige und inzwischen unverzichtbare Position/Funktion. Je mehr Befugnisse ihm zugewiesen werden, umso mehr Legitimierung, Gewicht und Bürgernähe wird es gewinnen. Aber eine definitive Demokratisierung der EU kann es auch dann nicht zustande bringen. Es kann die umfassende innerstaatliche Demokratisierung in den EU-Staaten nicht europäisch ersetzen, es kann sie bestenfalls ergänzen. Es könnte vielleicht mit den nationalen Demokratien konkurrieren, doch würde dies zweifellos nachteilige oder gar gefährliche Folgen für den demokratischen Zustand Europas haben. Das EP ist kein europäisches Parlament, es ist ein Parlament des EU-Systems. Das EU-System aber verweigert sich gemäß dem Willen seiner Mitgliedstaaten einer direkten Demokratisierung.

Der Einsatz des Demokratisierungsarguments nur mit Bezug auf das EP verstellt zudem den Blick auf die ganz anders gearteten Probleme, die einem demokratischen Europa der Bürger entgegenstehen. Die Bürgernähe der europäischen Politik kann aus zwei Gründen nur unzureichend zustande kommen: Einmal sind die europäischen Materien, d. h. „Brüssel", zu umfangreich und unübersichtlich, als dass sie leicht erfassbar wären. Zum anderen ist der politische, gesellschaftliche und auch geografische Abstand zwischen den Bürgern EU-Europas und der europäischen Politik zu groß. Die EU-Politik und ihre Verfahren („Brüssel") sind für die Bürger EU-Europas in ihrer politischen Wahrnehmung einfach viel zu weit weg, als dass sie sie im Einzelnen kontinuierlich verfolgen oder sich gar mit ihnen kritisch auseinander setzen könnten.

Daher können die Bürger ihren Regierungen/Parlamenten für deren politischen Auftrag in Europa sozusagen keine politischen Einzelermächtigungen von Fall zu Fall erteilen. Sie können ihnen gegenüber immer nur bei gegebenen Gelegenheiten – Wahlen, Demonstrationen, Anhörungen etc. – mehr oder weniger globale Zustimmungen oder Ablehnungen zum Ausdruck bringen. Nirgendwo in der Politik haben Regierungen der EU-Staaten und ihre Verwaltungen innerstaatlich so viel politischen Freiraum wie in der Europapolitik. Die Bürger Europas sind gegenüber der europäischen Politik weitgehend machtlos.

Durch dieses tatsächliche und bedenkliche Demokratiedefizit rückt für sie in ihrer täglichen politischen Wahrnehmung die Europapolitik weit hinter die lokalen, regionalen und nationalen politischen Ereignisse zurück. Die berühmte Erkenntnis des legendären amerikanischen Politikers Tip O'Neill, dass alle Politik örtlich ist *(„All politics is local.")*, gilt für die Politik im Bereich der EU mindestens ebenso wie in den USA. Sie zeigt eine wesentliche Schwachstelle der Europapolitik, eben das Problem des Abstands, auf. Es besteht, obwohl die europäische Politik für die Bürger Europas eminent wichtig ist und sie oft sehr viel mehr und unmittelbarer berührt als die Politik ihres Staates, ihrer Region oder ihrer Gemeinde. Das gilt z. B. für so wichtige politische Bereiche wie die Landwirtschafts- und Fischereipolitik, die Regionalpolitik, den Umweltschutz, die Währungsfragen, den Kampf gegen die Arbeitslosigkeit und Armut usw.

Hier handelt es sich um Politikbereiche, in denen mehr als die Hälfte und teilweise bis zu zwei Drittel der politischen Entscheidungen nicht mehr national, sondern europäisch (durch „Brüssel") getroffen werden. Die Bürger Europas sind bei der Gestaltung der europäischen Politik nicht Teilhaber, sie sind Objekt. Das mag für ein *Europa des Gemeinsamen Binnenmarktes* genügen, aber für ein über ihn hinaus zu einigendes Europa ist es zu wenig. Und vor allem ist hierdurch das Interesse der EU-Bürger an der europäischen Politik gering und, wenn überhaupt vorhanden, meist negativer Natur.

Wenn beispielsweise in der Erwachsenenbildung oder in anderen Vortrags- und Diskussionsrunden die Mechanismen der europäischen Politik etwas tiefer ausgelotet werden sollen, gehen die ersten Zuhörer nach Hause. Analog sinken in den Medien die Einschaltquoten. Wenn hingegen Politiker in Veranstaltungen auf „Brüssel" schimpfen, bringt ihnen das automatisch sicheren Applaus. Bei Umfragen* in der EU befürworten auch ein halbes Jahrhundert nach dem Beginn der europäischen Einigungspolitik nur gut die Hälfte der Befragten die Mitgliedschaft ihres Staates in der EU. Noch weniger von ihnen wünschen sich eine wichtige Rolle der EU in ihrem täglichen Leben. Deutlich weniger als die Hälfte ist mit der Demokratie in der EU zufrieden. Weniger als ein Drittel kennt den Begriff „Bürger der EU".

Generell wird von den Befragten das Europäische nicht als etwas Wichtiges empfunden, sondern mehr als Zugabe zu dem

* Umfrageergebnisse aus dem EUROBAROMETER

eindeutig als vorrangig und vorherrschend gesehenen Nationalen. Wobei es hier wohlgemerkt nicht um die Frage einer Zustimmung zu bestimmten Teilen der europäischen Politik geht. Das Bedenkliche ist vielmehr, dass diese Politik offenbar gar kein Thema für die europäischen Bürger ist, insbesondere keins, über das es den in lebendigen Demokratien üblichen Streit gebe. Proteste und Demonstrationen zur EU-Politik sind – sieht man von dem Sonderthema Landwirtschaftspolitik und gelegentlichen kleineren Protesten von besonders engagierten Menschen einmal ab – eine Seltenheit. Aber irgendwie scheinen die EU-Bürger doch Schutz und Sicherheit in der EU finden zu wollen. Wie anders wäre sonst zu erklären, dass sich ca. 70 Prozent von ihnen eine europäische Verfassung, also ein fest geeintes Europa wünschen. Die Italiener, deren Regierung an ihrem Scheitern mitschuldig war, wollten sie sogar zu 83 Prozent.

Unabhängig von ihrem Scheitern wird in der Verfassung für Europa und in der in ihr enthaltenen Regelung für eine *Unionsbürgerschaft* deutlich der letzte Stand des Bemühens um Bürgernähe in der EU-Politik erkennbar. Die Verfassung hätte gewiss Verbesserungen im Sinne der Entwicklung von Staaten übergreifender europäischer Gemeinsamkeit gebracht. Gleichzeitig zeigt sie aber bis in einzelne Formulierungen hinein den Trend, die Autorität der Staaten durch das europäische Projekt nicht zu sehr zu beeinträchtigen. Im hiesigen Zusammenhang ist von Interesse, dass die Bezeichnungen „Verfassung" und „Bürgerschaft" zu den herausragenden Beispielen für die Versuche gehören, die EU als mehr erscheinen zu lassen, als sie tatsächlich ist.

Durch die hier bemühte Bezeichnung „Verfassung" ändert sich für die EU und die europäischen Bürger nichts an der Tatsache, dass es sich hier um den Entwurf für einen weiteren ganz normalen völkerrechtlichen Vertrag zwischen den EU-Staaten handelt, mit dem diese eine Anzahl von Verpflichtungen und

Rechten der Staaten und der Organe der EU völkerrechtlich verbindlich vereinbart haben. Ebenso wie sie dies mit den bereits erwähnten sieben Verträgen vom Vertrag über die EGKS (1952) bis zum Vertrag von Nizza (2003) immer wieder getan haben. Außer seiner Bezeichnung fehlt dem Dokument alles, was eine Verfassung ausmacht. Man hätte es „Grundvertrag" nennen können. Schließlich hat Deutschland eine Verfassung, die „Grundgesetz" heißt – aber es sollte wohl etwas bedeutender klingen.

Ebenso steht es mit der in dem Entwurf enthaltenen „Unionsbürgerschaft". Bürgerrechte sind bekanntlich Rechte von hoher prinzipieller Bedeutung und großer rechtlicher Reichweite. Sie waren, sind und bleiben daher auch in der EU Teil der nationalen Staatsbürgerschaften. Die jetzt für die europäischen Bürger vertraglich fixierten europäischen Rechte können an die Qualität solcher Rechte nicht heranreichen. Sie stehen im Übrigen schon im EU-Vertrag von Maastricht (1993), ohne dass sie bisher besonderes Aufsehen erregt hätten. Sie beinhalten heute wie damals nicht viel mehr als das, was sich bereits aus den Vereinbarungen der EU-Staaten über die *Vier Freiheiten* des Gemeinsamen Binnenmarktes (Abb. 10, S. 201) ergibt.

Die jetzt besonders herausgestellte Neuerung besagt, dass die diplomatischen und konsularischen Vertretungen der EU-Staaten in Drittländern auch, falls erforderlich, für die Staatsangehörigen der anderen EU-Staaten zuständig sein sollen. Das sollte angesichts des Standes der europäischen Einigung eigentlich eine Selbstverständlichkeit sein. Wollte man diese tatsächlich noch gesondert festlegen, hätte das sicher auch ohne großen Vertrag, z. B. durch einen schlichten diplomatischen Notenwechsel, geregelt werden können. Die Projekte Verfassung und Unionsbürgerschaft täuschen eine Bürgernähe der EU vor, die es so nicht gibt. Derartiger Etikettenschwindel stimmt einen schon etwas traurig und es ist fraglich, ob damit der europäischen Einigung wirklich gedient ist.

Die Bürgernähe ist, so wie sie in der EU verstanden und praktiziert wird, kein echtes Element der europäischen Einigungspolitik. Sie ist nicht viel mehr als ein schwaches Bindemittel zwischen dieser Politik und den Bürgern, denen sie dienen soll. Etwas salopp ausgedrückt ist sie ein Mittel, um die Bürger ruhig zu stellen. Diese *Bürgernähe* kann die Tolerierung der EU-Politik durch die Bürger erleichtern, aber ein *Europa der Bürger* kann sie nie und nimmer zustande bringen. Das könnte nicht von oben diktiert, sondern ausschließlich von unten – nur durch die Bürger selbst – entstehen.

Das Europa der Gesellschaften

Es sollte zunächst daran erinnert werden, dass das Wirken der Bürger für die Einigung Europas – ein Wirken *von unten* – weit zurückreicht und für Europa von entscheidender Bedeutung war. Denn blickt man in die lange und vor allem in die gedankliche Vorgeschichte der europäischen Einigung, sucht man vergeblich nach Herrschern, Heerführern oder sonstigen Helden, die sich für sie eingesetzt hätten. Es gibt von den frühen Zeiten bis ins letzte Jahrhundert hinein eigentlich nur zwei Politiker mit derartigen Vorstellungen: den französischen Schriftsteller und Politiker Victor Hugo (1802–1885), der u. a. 1849 auf einer der damals von Bürgern häufig veranstalteten Friedenskonferenzen „Vereinigte Staaten von Europa" gefordert hatte, und den französischen Außenminister Aristide Briand (1862–1932), der 1930 im Völkerbund einen „Plan für eine europäische Union" präsentiert hatte.

Die Idee, in der Welt (die Europa für die früheren Europäer war) durch Einigung dauerhaften Frieden zu erreichen, entstand in den Köpfen und Studierstuben und später durch politisches Handeln der Bürger. Das begann mit Gedanken von Dante Alighieri (1265–1321) und setzte sich über Jean-Jacques Rousseau (1712–1778) und viele andere fort. Herausragende Bedeutung hat bis heute Immanuel Kant (1724–1804) mit seinem richtungweisenden Traktat „Vom ewigen Frieden" (1795).

Insgesamt waren von Bürgern außerhalb der offiziellen Politik zwischen 1300 und 1900 über 100 und in der kurzen Zeit von 1900 bis 1945 nochmals ca. 70 Pläne und Vorschläge in Richtung einer Friedenssicherung durch Einigung produziert worden. Ab der Wende vom 19. zum 20. Jahrhundert waren es wiederum Bürger, die im Einklang mit der Friedens- und der Arbeiterbewegung dem Gedanken der europäischen Einigung aktiv öffentliches Gehör verschafften. Ab 1922 reichten diese Bürgeraktivitäten – u. a. mit dem von dem Grafen Richard Coudenhove-Kalergi (1894–1972) verfassten Manifest „Paneuropa – ein Vorschlag" – dann in die moderne aktive Friedens- und Europapolitik hinein.

Die heutige Einigungspolitik hat ihre unmittelbaren Ursprünge eindeutig in Wünschen und Aktivitäten von Bürgern: zunächst in den Widerstandsgruppen des Zweiten Weltkrieges gegen die Herrschaft von Nazideutschland und anschließend in den Bürgerbewegungen der unmittelbaren Nachkriegszeit für ein vereintes Europa. Nicht vergessen sollte man vor allem den 1946 im schweizerischen Hertenstein am Vierwaldstätter See abgehaltenen Kongress, an dem etwa 80 Bürger aus europäischen Staaten teilgenommen und das „Hertensteiner Programm" beschlossen hatten.

Seine Vorstellungen von europäischer Einigung gehen auf die Grundgedanken für Friedenssicherung der kurz zuvor gegründeten UNO zurück. Es ist bis heute Teil der Satzung der Bürgerorganisation „Europa-Union Deutschland". Schließlich mündeten die Bürgeraktivitäten in den berühmt gewordenen großen Europa-Kongress von 1948 in Den Haag. Damit wurde das bisherige Bürgerthema von der Einigung Europas zu einem Thema von Europas politischen Klassen und bald darauf Teil der westlichen Politik im Kalten Krieg.

Heute liegt ein weiteres halbes Jahrhundert hinter uns, von

nun offizieller und zunächst ausschließlich und dann bis heute immer noch vorwiegend wirtschaftlicher Einigungspolitik. Und heute sind in ihr erneut die Bürger Europas ein Thema. Denn es scheint die Erkenntnis zu reifen, dass die Einigung Europas auf Dauer nur Bestand haben kann, wenn sie auch von einem konkreten und unmittelbaren Konsens der großen Mehrheit aller Bürger Europas und der von ihnen gebildeten Gesellschaften getragen wird. Das künftige Europa wird, will es von Dauer sein, ein Europa sein müssen, das auch grenzüberschreitend über nationalstaatliche Grenzen hinweg gesellschaftlich geeint ist. Denn die wirkliche Einigung Europas findet in den Herzen und Köpfen seiner Bürger statt.

Dieses Europa wird dann wirklich bestehen, wenn sich seine Bürger bei politischen Entscheidungen, die sie gemeinsam betreffen, nicht *nationalstaatlich* für oder gegen eine nationale oder europäische Lösung, sondern *europäisch* für oder gegen eine oder andere *europäische Lösung* entscheiden. Der Weg zu diesem Europa der Bürger führt nicht über irgendwelche neuen Konstruktionen, er führt über die Meinungsbildung der Bürger und wird in dem Maße möglich, in dem die Bürger Europas sich in ihren Staaten und gegenüber ihren Regierungen und Parlamenten zu politischen Themen europäisch artikulieren.

Würde Immanuel Kant in unserem Jahrhundert leben, würde er in der Staatenwelt der EU vermutlich auf die Stiftung von kulturellem und gesellschaftlichem Frieden zusteuern, einer europäischen Gesellschaftspolitik das Wort reden. Aber auch ganz unabhängig von Kant kann der in den Präambeln der europäischen Verträge beschworene „immer engere Zusammenschluss der Völker" bzw. deren „Union" letztlich nur erreicht werden, wenn die Bürger Europas und ihre Gesellschaften, in denen sie wurzeln, unmittelbarer als bisher geeint werden. Die gesellschaftliche Einigung ist die heute wichtigste Aufgabe der EU-Politik. Europa kann ohne Euro und ohne eine wie auch immer geartete militärische Weltmachtrolle, aber nicht ohne einen festen Konsens seiner *Bürger und Gesellschaften* geeint werden.

Hier aber liegt das Problem. Denn das Europa der Bürger und Gesellschaften ist eben nichts anderes als die andere Seite der Medaille, deren eine Seite das Europa der kulturellen Vielfalt ist. Beide Tatbestände sind vielfach miteinander verzahnt und deckungsgleich. Beide stehen einer zu formellen und strickten Einigung und insbesondere einer Einigung durch Vereinheitlichung entgegen. Insofern bilden sie ein europapolitisches Ganzes. Es steht für die einzigartigen Werte, Möglichkeiten und Errungenschaften, die Europa zu dem gemacht haben, was es ist. Nur die Teile seiner kulturellen und gesellschaftlichen Vielfalt sind für die Europäer Heimat.

Diese für die europäische Einigungspolitik eminent wichtigen Aspekte können nicht rechnerisch, statistisch oder sonst wie rational bewiesen werden, aber sie lassen sich erkennen. Hierbei kann zur Schärfung des Blicks – gewissermaßen als Vergrößerungsglas – der Begriff der *europäischen Identität* dienen. Identität bezeichnet in hiesigen Zusammenhängen die stabile und umfassende Übereinstimmung innerhalb eines Volkes, eines Staates, einer Gesellschaft, einer Gruppe, einer Mehrheit oder Minderheit usw., die auf einer gemeinsamen Sprache, Geschichte, Mythologie, Religion, Volkszugehörigkeit usw. beruht. Eine derartige Übereinstimmung aller Europäer wäre die Voraussetzung für eine europäische Identität. Es bedarf keiner Erläuterung, dass es sie nie wird geben können. Allenfalls könnte ein gewisses Flair von europäischer Identität entstehen, so wie gegenwärtig ein Flair amerikanischer Lebenskultur Europa durchweht.

Interessanterweise findet sich der Begriff der europäischen Identität aber immer wieder in europapolitischen Diskussionen der „feineren“ Art. Er wird dort für die Bezeichnung oder auch Beschwörung von etwas besonders Wertvollem verwendet, das für schwer beschreibbar, aber für sehr europäisch gehalten wird.

Mit der Vorstellung von einer europäischen Identität lässt sich die Illusion von einem Europa pflegen, das als seiner Natur nach politisch, kulturell und gesellschaftlich vereinheitlicht auf der Einheit der europäischen Kultur gründen würde. In der realen Europapolitik allerdings wird z. B. in der feierlichen Präambel für die „Verfassung für Europa", in der sich alle hohen Werte und Ziele der Einigungspolitik finden, zwar von nationaler, wohlweislich aber nicht von europäischer Identität gesprochen. Es gibt bisher nur einen Fall, in dem der Begriff politisch verwendet wird: Der Wunsch der europäischen NATO-Mitglieder nach gemeinsamer Eigenständigkeit innerhalb des Bündnisses wird offiziell als Wunsch nach „europäischer Identität" bezeichnet. Das skizziert die Lage.

Die Unmöglichkeit eine europäische Identität zu entwickeln, die ihren Namen verdienen würde, belegt die Bedeutung und Wirksamkeit der kulturellen und gesellschaftlichen Vielfalt innerhalb EU-Europas. Wer sie und ihre unleugbare Bedeutung – sei es auch nur notgedrungen – akzeptiert, muss ebenfalls akzeptieren, dass die Einigung Europas mehr ist als nur eine zentral gesteuerte Vereinheitlichung. Wer sie nicht akzeptieren will oder kann, hat Europa und vor allem das, was Europas historische, kulturelle und gesellschaftliche Besonderheit ausmacht, nicht verstanden.

Es ist ein keines Beweises bedürfender Grundsatz europäischer Politik, dass Einigung im Bereich dieser doppelten Vielfalt nicht von oben durch Programme oder Abstimmungsverfahren erreicht werden kann, sondern nur von unten durch die Europäer selbst mit einem neuen europäischen Umgang miteinander. Um das zu erreichen, muss die so genannte *Selbsteuropäisierung* gefördert werden. Mit ihr müssen die kulturellen und gesellschaftlichen Unterschiede wechselseitig bewusst, verständlich und partnerschaftlich annehmbar gemacht werden.

Nur auf diese Weise kann mit einer kulturell und gesellschaftlich grundierten Einigungspolitik erreicht werden, dass sich die historischen, kulturellen und gesellschaftlichen Unterschiede zwischen den Staaten und Regionen Europas auf die Zusammenarbeit und Einigung nicht störend, sondern stimulierend auswirken. Diese kulturelle und gesellschaftliche Einigung Europas wäre eine Vision, die gleichwertig neben der Vision vom in Frieden geeinten Europa stehen bzw. ihr folgen könnte.

Nur am Rande sei erwähnt, dass diese Art der Einigung mit der Erweiterung der EU natürlich erheblich an Bedeutung gewonnen hat. Unter den zahlreichen Gründen für das dreifache europäische Desaster des Jahres 2003 findet sich auch die in einigen der neuen Mitgliedstaaten noch zu geringe Kenntnis von dem in der EU entwickelten europäischen Umgang miteinander. Das Schlimme am Scheitern der „Verfassung für Europa" ist nicht, dass zunächst kein Fortschritt im Abstimmungsverfahren mit qualifizierter Mehrheit erreicht werden konnte. Das Schlimme ist vielmehr, dass die 25 Staaten der erweiterten EU nun keinen von ihnen gemeinsam gesetzten Rahmen für ihren europäischen Umgang miteinander haben.

Den für die Einigung im Bereich der europäischen kulturellen und gesellschaftlichen Vielfalt gebotenen sozusagen „weichen" Einigungsverfahren stehen jedoch, wie gezeigt, einige harte Fakten aus eben dieser Vielfalt entgegen. An der Spitze steht der Mangel, dass es wegen der sprachlichen Vielfalt keinen gemeinsamen Raum europäischer Öffentlichkeit und Kommunikation geben kann. Es besteht ein negativer Kreislauf. Die Bürger Europas interessieren sich wenig für die europäische Politik, da der Abstand zwischen ihnen und der Politik zu groß ist. Die Medien berichten wenig über die europäische Politik, da das Interesse an ihr gering ist. Doch wenn sich ein gemeinsamer europäischer Wille hierfür erreichen lässt, gibt es zweifellos trotzdem Möglichkeiten den hier skizzierten Weg der unmittelbaren Europäisierung Europas zu gehen. Die Möglichkeiten würden sich vermutlich als so vielfältig erweisen, wie die Vielfalt Europas selbst. Zur Erläuterung seien drei Beispiele genannt:

- Es gibt zwar die Fernsehsendung *EuroNews*. Aber Nachrichtenkanäle finden nur wenig Zuspruch. Eines oder gar mehrere allgemeine europäische Programme nach dem Muster des deutsch-französischen Programms im Sender *Arte* wäre ein riesiger Schritt nach vorne. In der EU der 15 befürworteten bei einer Umfrage immerhin 74 Prozent der Befragten eine Verstärkung der Information der Europäer über die EU und ihre Institutionen. In Deutschland könnten vor den 20-Uhr-Nachrichten im ARD-Fernsehen statt der Börsenmeldungen Europameldungen ausgestrahlt werden, denn zweifellos gibt es in Deutschland mehr EU-Bürger als Aktionäre.
- In allen EU-Staaten wird in den Schulen das Thema „Europa" behandelt, aber nur als Teil eines anderen Unterrichtsfaches. Die Einführung eines Schulfaches „Europakunde", mit der das Thema Gewicht erhält, wäre ein anderer riesiger Schritt nach vorne. In der EU der 15 befürworteten bei einer Umfrage immerhin 83 Prozent der Befragten die Einbeziehung der Arbeitsweise der EU-Institutionen in den Schulunterricht. Je jünger die Europäer sind, umso stärker sind sie, Umfragen zufolge, für die Einigung Europas. Je früher die Selbsteuropäisierung beginnt, umso schneller und besser entwickelt sich europäisches Einvernehmen.
- Ein weites Feld ist schließlich die Erwachsenenbildung. Sie ist gerade in Deutschland mit einer Bundeszentrale und mit Landeszentralen für politische Bildung sowie einem Netz von Volkshochschulen und ähnlichen Bildungseinrichtungen gut ausgebaut. Doch das Thema „Europa" kommt in diesen Institutionen eindeutig zu kurz.

Zur Frage, wie viel Einigung Europa braucht bzw. wie viel europäische Einigung möglich ist, lässt sich zusammenfassend sagen: Die kulturelle und gesellschaftliche Vielfalt und in ihrer Folge Renationalisierung, Rekulturalisierung und Subsidiarisierung stehen für eine sich ändernde Einstellung der Europäer zur Einigung Europas. Die am Anfang dieses Buches gestellte Frage, was nach der Erreichung des großen alten Ziels der *Einigung*, des *Friedens in Europa*, der künftige Selbstzweck der Einigungspolitik sein könne, findet unter den Europäern unterschiedliche und auch etwas andere Antworten als in den letzten 15 Jahren seit dem Ende des Kalten Krieges. Neben einzelnen besonderen Zielen und Ambitionen von Eliten und politischen Klassen scheint in der Meinung der überwältigenden Mehrheit der Europäer das von ihnen sehr persönlich verstandene Hauptziel immer noch die *Erreichung und Stabilisierung von Sicherheit und Wohlstand* zu sein. Hinsichtlich der Wege und Mittel, dies zu erreichen, divergieren die Ansichten etwas. Als Folge der Auswirkungen der kulturellen und gesellschaftlichen Vielfalt Europas scheint der Trend in Richtung einer kritischen Betrachtung und einer „Herabnüchterung" der Mechanismen des Einigungsprozesses zu gehen. Die Einigungspolitik darf sich der europäischen Vielfalt nicht entgegenstellen, sie muss ihr realistisch folgen. Das Ziel darf nicht ein *bürgernahes*, sondern muss ein *bürgerkonformes Europa* sein.

Die Grenzen Europas

Die Einigung Europas findet naturgemäß innerhalb der Grenzen Europas statt. Hieraus ergibt sich die Dritte der drei Eingrenzungen europäischer Politik. Doch während ihre Eingrenzungen durch die kulturelle und gesellschaftliche Vielfalt Europas umfassend vorgegeben sind, sind die Außengrenzen Europas nur mit seinen Meeresgrenzen eindeutig bezeichnet. Die übrigen Grenzen müssen durch eine eindeutige Haltung der EU definiert werden. Sie fehlt bisher.

Zu den Bestrebungen der EU, Europa zu einigen, gehört nun aber seit bald einem halben Jahrhundert auch die „Aufforderung an die anderen Völker Europas, die sich zu dem gleichen hohen Ziel bekennen, sich diesen Bestrebungen anzuschließen" (Präambel EGV). Und ebenso lange ist durch die EU festgelegt, dass jeder europäische Staat „beantragen kann, Mitglied der Union zu werden" (Art. 49 EUV). Am Beginn des mit der EU deckungsgleichen neuen Europas ist die Klärung der Frage dringlich geworden, welche *Völker* und *Staaten* denn nun eigentlich zu Europa gehören und welche nicht, bzw. wo die *Grenzen* Europas verlaufen.

Die Grenzen im Norden, Westen und Süden

Betrachtet man die derzeitigen Grenzen EU-Europas, dann präsentieren sich, wie gesagt, die Meeresgrenzen, die Europa im Norden, Westen und Süden einfassen, als eindeutig und damit problemlos. Zudem haben sie sich auch immer als stabil erwiesen. Nur zweimal wurde über sie nach Europa eingedrungen. Im 7. Jahrhundert fielen die Araber nach Spanien ein. Im Zweiten Weltkrieg landeten die Alliierten in Italien und Frankreich, um Europa zu befreien. Nicht ganz so einfach steht es mit der übrigen Außengrenze von EU-Europa.

Als Erstes kommt die Schweiz als vertrauter Sonderfall in den Blick. Sie hat als Insel innerhalb des Gebietes der EU ausschließlich zu ihr Grenzen, doch wird sie trotzdem wohl nie EU-Mitglied werden wollen. Bezeichnend war z. B., wie sich das Abstimmungsergebnis des letzten Referendums über einen mit ihm abgelehnten EU-Beitritt der Schweiz aufteilte. Die deutschsprachigen Eidgenossen, die knapp zwei Drittel der Bevölkerung ausmachen, waren mehrheitlich gegen einen Beitritt. Sie befürchteten offensichtlich eine Dominanz aus Deutschland. Die Schweizer in den romanischsprachigen Gebieten hingegen waren mehrheitlich für einen Beitritt. Sie sehen sich traditionell vom deutschsprachigen Teil dominiert und benachteiligt und erhofften sich wohl in einem europäisierten Land Unterstützung von den Staaten ihrer Sprache gegenüber den Deutschschweizern.

Dieses Abstimmungsergebnis lässt ahnen, dass die auf kultureller Pluralität ruhende Staatlichkeit der Schweiz durch eine EU-Mitgliedschaft strapaziert, vielleicht sogar gefährdet werden könnte. Aus europäischer Sicht bleibt von Interesse, dass die außerhalb der EU bleibende Schweiz voraussichtlich ein Beispiel dafür werden wird, wie man als europäischer Staat mit der EU auch ohne Mitgliedschaft in ihr durchaus gut und vorteilhaft auskommen kann.

Blickt man Richtung westlichen Balkan, sind dort die Staaten Kroatien, Bosnien-Herzegowina, Montenegro, Serbien, Mazedonien, Albanien und das Gebiet Kosovo. Sie qualifizieren sich noch nicht für einen EU-Beitritt. Ihre künftige, wenn auch für einige von ihnen noch in weiter Ferne liegende Zugehörigkeit zu EU-Europa ist jedoch unumstritten. Schließlich sind sie trotz ihrer langen Beherrschung durch das Osmanische Reich ureuropäisch.

Auch die westlichen und nördlichen Außengrenzen der EU sind unproblematisch. Das gewissermaßen geborene EU-Mitglied Norwegen will von seinem Geburtsrecht bisher keinen Gebrauch machen. Das autonome dänische Gebiet Grönland ist 1985 aus der EG ausgetreten und seither mit der EU/EG in Zollunion verbunden. Der Inselstaat Island lebt in nicht unbeträchtlicher wirtschaftlicher Abhängigkeit EU-Europas. Doch weder dort noch in der EU ist seine EU-Mitgliedschaft ein Thema. Im Nordosten haben sich die Anrainer der Ostsee bisher mit einem 1992 ins Leben gerufenen *Ostseerat* um die Bewältigung gemeinsamer Probleme bemüht. Heute ist die Ostsee, gerechnet nach den Längen der Küsten von EU-Staaten, quasi ein EU-Binnenmeer.

Weiter südlich gibt es Unklarheiten, denn es wird diskutiert, ob die hier bis zum Beitrittskandidaten Rumänien verlaufende Grenze der EU gleichzeitig auch die Grenze Europas ist. Oder ob die Grenze Europas weiter östlich liegt, d. h., ob die Staaten und Völker östlich der derzeitigen EU-Grenze gemäß EUV und EGV einen Beitritt zur EU beantragen können. Eine Antwort ist dadurch erschwert, dass in dem östlich der EU-Grenze gelegenen Teil des eurasischen Kontinents im Laufe der Geschichte das wirtschaftliche, kulturelle und (vor allem) machtpolitische Geschehen immer heftig zwischen Ost und West hin und her schwankte, und dabei meistens auch weit über Europa hinaus. Die Verursacher dieser Bewegungen waren in erster Linie die Großmächte Russland, Habsburg und Preußen.

Daher gibt es hier, anders als im westlich der EU-Grenze gelegenen Teil Eurasiens, auch nur wenige bedeutsame und dauerhafte wirtschaftliche, kulturelle und politische Festsetzungen, insbesondere Staatsgründungen, von denen her eine weiter östlich liegende Ostgrenze Europas verlässlich definiert werden könnte. Vorgeschichte und Vergangenheit von Russland, Weißrussland/Belarus, der Ukraine und Moldawiens sind zwar europäisch beeinflusst, aber nicht primär europäisch. Es gibt somit keine vorgegebene und einigermaßen allseits anerkannte Grenzziehung, die anstelle der jetzigen EU-Grenze als Ostgrenze Europas aufgefasst werden könnte. Was wiederum dazu geführt hat, dass heute jeder die richtige Ostgrenze Europas dort findet, wo er sie nach seiner Interessenlage gerne hätte. Jeder kann sein Interesse mit den Argumenten vertreten, die sich irgendwie finden lassen.

Die Diskussion darüber, wo genau sich Europa Richtung Osten begrenze, begann mit dem russischen Offizier, der im 18. Jahrhundert seinem Zaren erläutert hatte, dass Europa bis zum Ural reiche. Seither gilt der Ural allgemein als die geografische Trennungslinie zwischen dem asiatischen Teil des eurasischen Kontinents und seinem westlichen Wurmfortsatz Europa. Nun reichten zwar in den letzten Jahrhunderten das frühere zaristische und spätere sowjetische Reich vom Pazifik über den gesamten Norden Asiens (und über diese angenommene geografische Trennlinie hinaus) bis nach Europa hinein – aber es wäre wohl ziemlich abenteuerlich, wollte man deshalb die westlichen Territorien dieser früheren Reiche heute als einen Teil Europas verstehen. Und noch abenteuerlicher wäre es zu meinen, dass mit einer derartigen Begründung Russland, Weißrussland, Ukraine und Moldawien gewissermaßen historisch zwangsläufig in die Europäische Union einbezogen werden müssten.

Im Übrigen wurde in der jüngeren Geschichte die Vorstellung von dem bis zum Ural reichenden Europa politisch – sieht man von nazistischen Wahnvorstellungen ab – nur einmal von dem französischen Präsidenten Charles de Gaulle instrumentalisiert. Allerdings hatte der, als er von einem Europa vom Atlantik bis zum Ural schwärmte, nicht die Geografie, sondern ein von ihm gewünschtes, politisch konzipiertes Europa im Auge. In ihm sollten die Sowjetunion und anstelle der USA Frankreich die beiden für den europäischen Kontinent bestimmenden östlichen und westlichen Flügelmächte sein.

Zur Begründung dafür, dass die vier genannten Staaten aus einer gewissermaßen unumgänglichen historischen und kulturellen Notwendigkeit heraus in die EU aufgenommen werden müssten, werden gerne auch kulturelle Zusammenhänge bemüht. Sie können jedoch kaum etwas zur Klärung beitragen, zumal sie eher für kulturelle Abgrenzungen als für Gemeinsamkeit stehen – vor allem wenn man auf die urtümlichsten Formen der Kultur, auf die Religionen, zurückgreift. Dann stößt man z. B. auf die Trennungslinien zwischen Ostrom und Westrom, zwischen Katholizismus und östlich geprägter Orthodoxie, zwischen lateinischem und kyrillischem Alphabet. Sie laufen ungefähr entlang der derzeitigen Ostgrenze der

EU und enden in deren künftiger kyrillischen Enklave Bulgarien.

Auch das häufige Bemühen, eine urtümliche Zugehörigkeit des Territoriums westlich des Urals zu Europa mit der kulturellen Entwicklung im russischen Reich seit Zar Peter dem Großen (1672–1725) belegen zu wollen, kann nicht überzeugen. Diese Entwicklung ist zwar in der Tat beeindruckend, und der vom Zaren herbeigeholte europäische Einfluss auf die russische Kultur ist unübersehbar. Auch der kulturelle Austausch zwischen Russland und Europa ist bis heute lebhaft und für beide Teile bereichernd. Aber aus all dem lässt sich nun wirklich keine kulturelle oder historische Zugehörigkeit zu Europa ableiten, derentwegen die genannten vier Staaten irgendwie zwangsläufig in die EU einbezogen werden müssten. Historische und kulturelle Argumente für eine Ausdehnung der EU über ihre östliche Außengrenze hinaus sind leicht zur Hand, aber sie sind abwegig.

Selbst die nachhaltigste Teilnahme an europäischer Kultur und auch die konsequenteste Beachtung europäischer Werte können für sich genommen kein Grund zu einer Aufnahme in die EU sein. Es sei denn, man wolle eine EU mit etwa 50 über die Welt verteilten Mitgliedstaaten ins Auge fassen. Dann könnte z. B. Israel, das sich als ein im Nahen Osten angesiedelter europäischer Staat versteht, eine Mitgliedschaft beantragen. Ein Gedanke, der im Übrigen in Israel schon gelegentlich thematisiert wird. Australien und Neuseeland, die in der UNO schon seit eh und je zur westlichen Staatengruppe gezählt werden, wären geborene EU-Mitglieder. Auch an eine Einbeziehung von Nordafrika in die EU könnte gedacht werden, ist es doch nachhaltig durch Frankreich europäisch geprägt worden. Doch die EU ist kein grenzenloser kultureller, historischer oder moralischer Zusammenschluss, sie ist eine territorial streng eingegrenzte politische Veranstaltung in Europa. Die heutige Ostgrenze der EU ist auch die Ostgrenze Europas. Die

Vorgeschichte der östlich von ihr gelegenen Gebiete belegen dies.

Blickt man von EU-Europa aus realistisch Richtung Osten, ergibt sich folgendes Bild: Russland kann, und sei es auch nur wegen seiner enormen Größe, nicht Mitglied der EU werden. Weder die EU noch Russland könnten an einer solchen Entwicklung ein Interesse haben. Das ist europäisch-russischer Konsens. Alles was bisher bezüglich einer russischen EU-Mitgliedschaft geäußert worden ist, ist entweder taktisches Geplänkel oder aus Unkenntnis entstanden, oder es stammt aus Ecken, in denen man sich ein möglichst großes und entsprechend schwach geeintes Europa wünscht. Hingegen ist eine enge europäisch-russische Partnerschaft geboten, für sie gibt es viele gute Gründe. Und es mag für sie möglicherweise künftig sogar ebenso viele gute Gründe geben, wie es solche in den Jahrzehnten des Kalten Krieges für die Entstehung der europäisch-amerikanischen Partnerschaft gegeben hat. Das vergleichsweise kleine Problem der russischen Ostsee-Enklave Kaliningrad innerhalb des EU-Bereichs scheint sich im Übrigen sehr viel ruhiger zu lösen, als frühere lärmende Bekundungen und Analysen annehmen ließen.

In Weißrussland, der Ukraine und Moldawien werden Wünsche nach einer EU-Mitgliedschaft artikuliert. Sie kann aber für die EU auch ganz unabhängig von den hier dargelegten historischen und kulturellen Gründen nicht infrage kommen. Denn diese drei Staaten sind für eine Mitgliedschaft in der EU in jeder Hinsicht, kurz gesagt, zu *sperrig.* Die Ukraine ist zudem für die EU, ähnlich wie Russland, einfach zu groß. Daher unterscheiden sich diese vier Staaten auch grundsätzlich von den noch nicht in die EU aufgenommenen, aber für eine Aufnahme vorgesehenen Staaten des westlichen Balkans – auch wenn sie mit diesen gelegentlich fälschlicherweise verglichen werden.

Entscheidend für die Festlegung der Ostgrenze Europas ist schließlich: Das neue, von der EU gestaltete Europa umfasst in seinem östlichen Teil die Staaten und Völker, die dort bereits bis 1939 den östlichen Teil des alten Europas bildeten. Ihre damaligen bzw. heutigen Ostgrenzen bilden zusammen die Ostgrenze EU-Europas, sie ist gleichzeitig die natürliche, historisch und kulturell fundierte Ostgrenze Europas. Das darf, soll die EU nicht Schaden nehmen, nicht ignoriert werden. Denn das neue Europa und seine sich innerhalb seiner Grenzen im Südosten und auf dem Balkan weiter vergrößernde EU werden ihre unerlässliche Stabilität nach innen und außen nur finden können, wenn feststeht, dass ihre heutige Außengrenze – unbeschadet denkbarer Varianten hinsichtlich der Schweiz, Norwegens, Grönlands und Islands – ihre endgültige Außengrenze ist. Die EU-Staaten sollten das verbindlich vereinbaren und bekannt geben, damit in allen Richtungen und insbesondere in Richtung Osten gedankliche Stabilität und politische Planungssicherheit gewährleistet sind. Sie hätten dies am besten vor der jetzigen Erweiterung getan, aber noch ist es nicht zu spät.

Selbstverständlich kann diese notwendige Festlegung nicht bedeuten, dass sich eine EU-Festung Europa herausbilden sollte. Die EU-Politik soll und muss auf ihrer Grundlinie durch Kooperation inneren und äußeren Frieden in Wohlstand und sozialer Sicherheit zu schaffen und abzusichern über die Grenzen Europas hinaus wirken. Auf dieser Linie sollte die weitere Politik der EU, wie dies bereits in der europäischen Verfassung zum Ausdruck kommt, in Richtung Osten und innerhalb des Mittelmeerraumes zu einer umfassenden *Nachbarschaftspolitik* ausgebaut werden.

In Richtung Osten sollte neben der mit Russland auszubauenden Partnerschaft ein umfangreiches Kooperationssystem mit den drei anderen östlichen Nachbarstaaten aufgebaut werden, soweit diese hierzu fähig und willens sind. Seine unmittelbare Aufgabe sollte zunächst sein, all diejenigen, zum Teil gravierenden, Probleme zu lösen, die dadurch entstanden sind, dass die bisher offenen Ostgrenzen der östlichen Mitgliedstaaten der

EU nun Teil der eher geschlossenen EU-Grenze sind. Darüber hinaus sollte die Kooperation letztlich dazu führen, dass die östlichen Nachbarstaaten so umfangreich am Leben in der EU, insbesondere an ihrem Wirtschaftsleben, beteiligt sein können, wie dies diesseits einer vollen EU-Mitgliedschaft möglich ist. Innerhalb des Mittelmeerraumes sollte der 1995 mit einer Konferenz in Barcelona initiierte *Barcelona-Prozess* aktiviert und ausgebaut werden.

Der Fall Türkei

So könnte denn alles einigermaßen geregelt sein, und zur Frage, wie viel Einigung Europa braucht, könnte festgestellt werden, dass alle Einigung nur innerhalb der Grenzen des hier definierten Europas möglich ist. Wäre da nicht noch *der Fall Türkei.* Er ist das Ergebnis von zwei parallelen Entwicklungen: Einmal des über lange Jahre betriebenen und von den USA massiv unterstützten Begehrens der Türkei, Mitglied der EU zu werden. Und zum anderen der ebenso lange gezeigten Unfähigkeit der EU, zu dem klaren Begehren, das die Türkei aus ihrer Interessenlage verfolgt, eine ebenso klare Position aus europäischer Interessenlage zu beziehen.

Nie wurden in der EU-Politik die hier bestehenden Probleme deutlich angesprochen. Von keinem amtierenden europäischen Politiker ist bisher eine klare Begründung für einen EU-Beitritt der Türkei gegeben oder gar erläutert worden. Die Frage, ob und wie ein Beitritt mit den Grundsätzen und Zielsetzungen der EU-Politik in Einklang stehen würde, ist tabuisiert. Nie wurden in der EU statt klarer Stellungnahmen so viele nichts sagende Nebelschwaden produziert wie hier. Die Türkei müsse „eine europäische Perspektive bekommen“, man dürfe „keine Tür zuschlagen“ usw.

Durch die meinungslosen Bekundungen aus der EU wurde zudem und vielleicht nicht ganz ungewollt der Eindruck erweckt, dass es hier im Grunde eigentlich gar keine Probleme gebe – alles hänge nur von irgendwelchen Umständen und einigen Terminen ab. Das bisherige Zwischenergebnis dieses Umganges mit der Türkeifrage ist ein unübersichtlich verknotetes europäisch-türkisches Knäuel von Wünschen, Befürchtungen, Ansprüchen, Annahmen, Verdächtigungen, Anschuldigungen, Unwahrheiten, Hoffnungen, Drohungen, Aufbegehren, Ängsten und manchem mehr.

Das Knäuel scheint unaufhaltsam auf Beitrittsverhandlungen zuzurollen und dort auf die bisherige Haltung von EU und Türkei zu treffen. Die EU ist in den Fall Türkei durch eigenes Unvermögen hineingeschlittert. In der europäischen und nicht zuletzt in der deutschen Öffentlichkeit hingegen gibt es nur wenige spezifische EU-Themen, die so heftig diskutiert werden wie die Frage eines EU-Beitritts der Türkei. Daher brauchen aus ihrer langen Vorgeschichte für die hiesige Beurteilung auch nur kurz die Eckdaten in Erinnerung gerufen zu werden:

1923 zwang Kemal Pascha, genannt Atatürk, die von ihm aus der Restmasse des Osmanischen Reiches geschaffene Republik Türkei – nicht zu einem Anschluss an Europa, sondern auf den Weg zu einer *Selbsteuropäisierung*, durch die sie ein Staat der in jeder Hinsicht europäischen Art werden sollte. Es begann ein Experiment, das ehrgeiziger ist als alle anderen direkten oder indirekten Versuche (auch von Kolonialmächten), außereuropäische Völker zu europäisieren. Ein erfolgreicher Abschluss dieses Experiments ist auch heute, 80 Jahre später, immer noch nicht in Sicht.

Im Kalten Krieg führte die geostrategische Bedeutung der Türkei für den Westblock zu ihrer Annäherung an Europa. 1964 schloss die EG/EU mit ihr ein Assoziierungsabkommen ab. Es sollte in 22 Jahren zu einer Zollunion führen, trat aber erst nach 32 Jahren (1996) in Kraft. Eine weitere Annäherung vermied die EG/EU trotz des allgemeinen Trends im Westblock, zusammenzurücken und die Zusammenarbeit zu intensivieren. Noch 1987 und 1997 lehnte sie Beitrittsverhandlungen ab.

Aber nur zwei Jahre später und mal wieder unter Druck der USA stellte der Europäische Rat im Dezember 1999 in Helsinki fest: „Die Türkei ist ein beitrittswilliges Land, das … Mitglied der Union werden soll." Und im Dezember 2002 beschloss er in Kopenhagen, die Beitrittsverhandlungen Ende 2004 aufzunehmen. Irgendwelche markanten politischen Gründe oder Entwicklungen, die ein solches vergleichsweise hektisches Vorgehen in nur wenigen Jahren gerechtfertigt oder auch nur nahe gelegt hätten, sind nicht bekannt geworden.

Die mehrheitlich negative oder zurückhaltende öffentliche Beurteilung der auch nach Jahren unveränderten grundsätzlichen Problemlage läuft in Europa und vor allem in dem durch die größte türkische Minderheit in Europa sensibilisierten Deutschland letztlich auf die viel gehörte Feststellung hinaus: *Die Türkei passt nicht zu Europa.* Eine ebenfalls verbreitete, aber etwas weniger negative Variante lautet: *Die Türkei ist nicht reif für einen Beitritt.* Dieser negativen Meinungsbildung stehen, soweit sich das überblicken lässt, keine ähnlich deutlichen positiven Bekundungen gegenüber. Die öffentlich vorgebrachten Argumente für einen EU-Beitritt der Türkei sind vielschichtiger, weniger leicht auf einen kurzen Nenner zu bringen und letztlich schwächer.

Die Meinung von der im Grunde unveränderbaren *uneuropäischen Türkei* wurzelt tief in einer fast nie offen ausgesprochenen, aber gleichwohl massiven Kulturangst. Sie beruht darauf, dass nach einem EU-Beitritt der Türkei im Jahre 2025 in der EU voraussichtlich (gemäß Bevölkerungsschätzungen der UNO) 90 Millionen muslimische Türken leben würden. Hinzu kommen all die Analysen und Berichte, mit denen, oft von hochkarätigen Wissenschaftlern, erläutert wird, dass Europa und die Türkei kulturell nicht kompatibel seien. Mit anderen Worten und um einen hier früher verwendeten Terminus aufzunehmen: Die türkische und die europäische *Lebenskultur* seien für ein Zusammenleben in der EU zu unterschiedlich.

Die Meinung von der *Beitrittsunreife der Türkei* macht sich in erster Linie an den menschen-, bürger- und staatsrechtlichen Standards fest, die von der Türkei für einen Beitritt zur EU erreicht sein müssen. Es gibt Kenner der Materie, die meinen, dass diese Standards kaum je erreicht werden könnten, denn eine Türkei, die sie erreicht habe, sei eine schwer vorstellbare, nämlich völlig andere als die heutige. Man kann in der Tat zweifeln, ob ein so umfassendes gesellschaftspolitisches Ziel wie die Europäisierung der Türkei, das in drei Generationen nicht erreicht werden konnte, überhaupt erreichbar ist. Doch unabhängig hiervon sind eine europäisierte Türkei und eine Türkei, die Teil Europas ist, zwei verschiedene Dinge.

Die Annäherung der Türkei an die EU-Standards vollzieht sich zudem nicht linear mit ständiger Steigerung und einem terminlich erkennbaren endgültigen Vollzug. Sie entwickelt sich in Wellenbewegungen und bleibt so hinsichtlich ihres Endergebnisses ständig nach vorne offen. Die Unsicherheit wird dadurch verstärkt, dass die notwendigen Reformen offenkundig nicht von der Gesamtheit der türkischen Bevölkerung gewünscht werden. Ferner dadurch, dass manche Reformen nicht aus internem Bedürfnis, sondern nur zweckgerichtet zur Erreichung des Beitritts zur EU eingeleitet wurden.

Die außenpolitischen Konstellationen der Türkeifrage stellen sich folgendermaßen dar: Die Türkei hat ein knochenhartes und aus ihrer Sicht durchaus verständliches Motiv für ihren Beitritt zur EU. Ihre Lage zwischen Europa und dem Nahen Osten ohne eine wirkliche Zugehörigkeit zu einem der beiden Bereiche, ihre innerstaatlichen Bemühungen um eine Zukunft im Sinne Atatürks, ihre Geschichte seit dem Zweiten Weltkrieg, ihre wirtschaftlichen Interessen, ihr Interesse an privilegierten Beziehungen zur Hypermacht USA und eine realistische Einschätzung der künftigen Entwicklungen im Nahen Osten führen sie fast zwangsläufig auf Europa zu.

Auch die USA haben ein starkes Motiv, den Beitritt zu wünschen. Die Türkei ist trotz der Verstimmungen im Irak-Krieg nach wie vor ihre wichtigste militärische Operationsbasis in Richtung Naher und Mittlerer Osten. Eine EU-Mitgliedschaft der Türkei hätte für die USA einen doppelten Vorteil: Sie würde die Türkei stabilisieren und gleichzeitig einem zu engen Zusammenwachsen innerhalb der EU entgegenwirken. Das sind aus der türkischen und amerikanischen Interessenlage verständliche Gründe. Aber sind sie, so bleibt zu fragen, auch Gründe für die EU, sich einen Beitritt der Türkei zu wünschen? Das Bedenkliche ist, dass die EU in ihrem laschen Umgang mit der Türkeifrage selbst nicht genau zu wissen scheint, was sie wünscht oder wünschen möchte bzw. solle. Hier zeichnen sich zwei Gefahren ab.

Zum einen kann aus dieser Situation die Versuchung entstehen zu glauben, das Türkeiproblem werde sich letztlich vielleicht ganz einfach dadurch lösen, dass die Türkei die von der EU geforderten Standards nicht erreichen und damit nicht beitreten könne. Eine solche Entwicklung widerspräche allerdings jeder internationalen Erfahrung im zwischenstaatlichen Umgang mit Standards der hier infrage stehenden Art. Hier kann vieles verschieden beurteilt werden, manches kann als unverhandelbar erscheinen und dann doch verhandelt werden. Um letzten Endes zu einem politisch erwünschten Ergebnis zu kommen, müssen auch nicht immer die Beurteilungen den Standards folgen, sondern kann schon mal die Beurteilung eines Standards *ergebnisorientiert* der gewünschten Beurteilung angeglichen werden. Mit anderen Worten: Wenn über den EU-Beitritt der Türkei aufgrund der von ihr zu erfüllenden Kriterien entschieden werden sollte, dann würde die Entscheidung voraussichtlich so zustande kommen wie die hier früher beschriebene Entscheidung über die Beitritte von EU-Staaten zur Einheitswährung Euro.

Zum anderen wäre es verhängnisvoll zu glauben, man könne zunächst auf diese Weise so ziemlich alle sich für einen Beitritt der Türkei zur EU stellenden Probleme irgendwie regeln, abschwächen, überwinden, in Kompromisse fassen, oder auf andere Weise aus der Welt der Beitrittsverhandlungen schaffen. Um dann den Rest nach dem Motto „Das-Leben-geht-weiter" in die Zukunft zu verlagern in der Hoffnung, dass nach einem Beitritt der wohltätige Einfluss der EU auch die internen Entwicklungen in ihrem Mitgliedstaat Türkei in die richtigen Bahnen lenken werde. Für ein solches Verfahren bieten sich vor allem langfristige Probleme an, die ihrer Natur nach nicht in der vergleichsweise kurzen Zeitspanne bis zu einem Beitritt gelöst werden können, wie z. B. das Kurden-Problem.

Doch kann nichts an der Tatsache vorbei führen, dass nach einem Vertragsabschluss über den Beitritt sich Unangenehmes, Ungewohntes oder Unerwünschtes nicht mehr korrigieren lassen wird, und schon gar nicht lässt sich dann noch ein Wohlverhalten einfordern. Danach gilt nur noch die Rechtslage und die ist bekanntlich für die Wahrung oder gar Verbesserung von Standards der hier angesprochenen Art in der Regel sehr unergiebig. Die hier früher erwähnten Rechtsradikalen nicht weniger EU-Staaten lassen freundlich grüßen.

Doch alles bisher zur Frage eines Beitritts der Türkei zur EU Gesagte ist von sekundärer Bedeutung verglichen mit der Kernfrage aller Beitrittsüberlegungen: Ist die Türkei gemäß Präambel EGV und Art. 49 EUV ein europäischer Staat mit einem europäischen Volk oder nicht? Sie kann nicht mit einem Kompromiss, sondern nur mit einem klaren Ja oder Nein beantwortet werden. Und die Antwort kann nur lauten: Nein, *die Türkei ist kein europäischer Staat.* Das resultiert ohne weiteren Erklärungsbedarf allein schon daraus, dass die Türkei fast ausschließlich in Kleinasien liegt. Ein Beitritt der Türkei zur EU stünde in eklatantem Widerspruch zu deren Vertragswerk.

Es ist einer der verhängnisvollsten Fehler der EU-Politik, dass dieser eminent wichtige Tatbestand in der EU nicht offiziell thematisiert worden ist, geschweige denn, dass es zu ihm eine Entscheidung gäbe. Einzig der als Präsident des Verfassungskonvents sozusagen halb offizielle europäische Politiker Valery Giscard d'Estaing hatte Ende 2002 als einsamer Mahner in der europäischen Meinungswüste deutlich auf dieses Kernproblem hingewiesen und aus seiner Ablehnung eines Beitritts der Türkei keinen Hehl gemacht. Sein langjähriger deutscher Partner in europäischen und weltpolitischen Dingen, Altbundeskanzler Helmut Schmidt, hat ihm öffentlich mit dem Verdikt zugestimmt: „Nein, die Türken passen nicht dazu." Doch wurde Giscards Ruf weder von den EU-Staaten noch von der EU-Kommission aufgenommen – sie wiegelten mittels der erwähnten Nebelschwaden ab.

Giscards Bewertung, ein Beitritt der Türkei wäre das Ende der EU, klingt dramatisch: Doch je mehr man – insbesondere mit Blick auf den derzeitigen Zustand der EU – über sie nachdenkt, desto mehr gewinnt sie an Plausibilität. Das Problem ist ernst und hat eine Bedeutung, die weit über Fragen nach Standards hinaus reicht. Ein EU-Beitritt der Türkei würde einen in der Tat dramatischen und nicht mehr ausräumbaren Präzedenzfall schaffen: Nicht mehr die Zugehörigkeit zu Europa, sondern ein internationales Kalkül und die Erfüllung von irgendwelchen Standards und eventuell weiteren Bedingungen wären die primäre Voraussetzung für einen Beitritt zur EU. Die Beitritte Zyperns und Maltas liegen bereits an der äußeren Grenze der europäischen Regionalität. Nach einem Beitritt der Türkei müsste mit Beitrittsanträgen von außerhalb von ihr gerechnet werden, in erster Linie von Weißrussland, der Ukraine und Moldawien.

Daraus würde, gleichgültig ob deren Anträge angenommen würden oder nicht, in der EU eine dauerhafte *Ostfrage* entstehen, die sie schwer belasten würde. Ferner müsste mit einem Beitrittsantrag Israels gerechnet werden. Das israelische Interesse an einer EU-Mitgliedschaft bedarf ebenso wenig einer Erläuterung wie die Auswirkungen, die sein Beitritt zur EU haben könnte. Die Ablehnung eines israelischen Beitrittsantrags wiederum wäre einem Europa mit rund 550 Millionen Einwohnern und unter ihnen über 100 Millionen Muslimen praktisch unmöglich. Und was wäre mit den Palästinensern?

Auch Nordafrika kann unter einem solchen neuen Vorzeichen an Europa heranrücken. Bereits in der Erklärung von Robert Schuman vom 9. Mai 1950 wurde Afrika als eine „der wichtigsten Aufgaben Europas" bezeichnet. Die friedliche und gesicherte Entwicklung auf der mediterranen Gegenküste Europas ist heute eine wichtige und akute europäische Aufgabe. Der Barcelona-Prozess könnte sie nie so erfüllen, wie dies mit einer Einbeziehung von Marokko, Algerien und Tunesien in die EU möglich wäre. 1987 wurde ein Beitrittsantrag Marokkos mit der Begründung abgelehnt, das Land sei kein europäischer Staat. Nach einem Türkei-Beitritt könnte sich eine neue Perspektive ergeben. Eine Einbeziehung Nordafrikas (Marokko, Algerien, Tunesien) mit ca. 70 Millionen fast ausschließlich muslimischer Menschen in eine um die Türkei erweiterte EU hätte unter geostrategischen und wirtschaftlichen Gesichtspunkten zweifellos eine entsprechende Logik für sich. Die Hereinnahme weiterer Mittelmeer-Anrainer könnte sich in sie einpassen. Das alles sind keine Truggebilde oder Gedankenspielereien, es sind nüchtern entwickelte konkrete Annahmen, die unter der angenommenen Voraussetzung eines EU-Beitritts der Türkei sehr nahe und unter anschließenden Verhältnissen vermutlich noch näher bei der Realität liegen. Man kann dies alles wollen, man sollte nur wissen, ob man es will.

Hinzu kommt eine weitere und in der EU bisher völlig ignorierte Auswirkung eines EU-Beitritts der Türkei. Mit ihm würde eine bisher nur als bizarre Phantasie geltende Vorstellung Wirklichkeit. EU-Europa würde in den Nahen Osten hineinreichen und gemeinsame Grenzen mit dem Iran, Irak, Syrien, Georgien und Armenien haben. Damit würde Europa zwangsläufig zum unmittelbaren Beteiligten im Nahen Osten, in erster Linie gegenüber diesen drei Ländern. Es würde in diese Position mit seinem Teil des multinationalen Kurdenproblems einrücken, den es mit der Türkei übernommen hätte. Der israelisch-palästinensische Konflikt läge, sofern er nicht durch Israels EU-Beitritt europäisiert würde, unmittelbar vor der europäischen Haustür. Und schließlich ist nicht auszuschließen, dass ein solches Europa Gefahr liefe, im Nahen Osten und vielleicht sogar über ihn hinaus in einen postkolonialen Kolonialismus zu verfallen oder in ihn gedrängt zu werden. Auch das sind keine Phantasievorstellungen, sondern unter den angenommenen Umständen sehr reale politische Möglichkeiten.

Die Diskussion über einen EU-Beitritt der Türkei ist von dem Streben nach *politischer Korrektheit* überlagert. Jemand, der die Politik der Regierung Israels kritisiert, kann unter den Verdacht des Antisemitismus geraten. Desgleichen kann jemand, der sich gegen einen Beitritt der Türkei zur EU ausspricht, leicht unter den Verdacht des Rassismus oder Fundamentalismus geraten. Gleichwohl ist hier abschließend festzustellen, dass die Türkei weder in das innereuropäische gesellschaftliche, noch in das nach außen gerichtete internationale Projekt der EU passt. Es könnte nicht gut gehen. Die Türkei wäre in beiden Bereichen ein Sprengsatz. Sie ist aufs Ganze gesehen für die EU einfach zu groß, zu gewaltig und – bei aller politischen Korrektheit – auch zu exotisch.

Dieser Einsicht sollte man sich in der EU und in der Türkei nicht länger verschließen. Statt doppelzüngiger Suche nach Beitrittsgründen und -rechtfertigungen sollten die EU und die Türkei daran gehen, ein *umfassendes gemeinsames System nachbarschaftlicher Kooperation* ähnlich dem zu entwickeln, das zwischen der EU und den Staaten östlich ihrer Grenze nötig ist. Es wird sich herausstellen, dass es den Erfordernissen der EU und den Wünschen der Türkei gleichermaßen und mindestens ebenso wie ein Beitritt gerecht werden kann. In manchen Bereichen, wie z. B. den amerikanisch-türkischen Beziehungen sogar noch besser als ein Beitritt. Die Voraussetzung hierfür, aber auch schon die halbe Lösung der Probleme ist, dass sich die EU des Themas voll und gleichzeitig klar und deutlich annimmt.

Zu unserer Leitfrage schließlich, wie viel Einigung Europa braucht, kann mit Blick auf die hier beschriebenen Außengrenzen des neuen Europas der EU und auf seine Position in seinem Umfeld und in der Welt die Antwort nur lauten: keinen Zentimeter Ausdehnung EU-Europas über die hier skizzierten Grenzen hinaus.

IV. Sicherheit für und durch Europa

Die EU-Politik ist auf dreifache Weise in die Weltpolitik einbezogen: durch *europäische*, *transatlantische* und *globale* Zusammenhänge. Weltpolitik ist für Staaten und damit auch für den Staatenverbund EU immer noch in erster Linie Machtpolitik, die vornehmlich militärisch umgesetzt wird. Sie definiert sich mit den schillernden Begriffen *Verteidigung* und *Sicherheit* auf dreifache Weise. Erstens können Staaten sich allein oder gemeinsam mit weiteren Staaten gegen Angriffe von dritten verteidigen. Zweitens können sie auf die gleiche Weise dritte Staaten angreifen. Drittens können die Staaten mithilfe gemeinsamer Vereinbarungen untereinander der Anwendung militärischer Gewalt vorbeugen. Die ersten beiden Wege der Kriegführung sind so alt wie die Menschheit selbst. Der dritte Weg der Schaffung eines kollektiven Sicherheitssystems um Kriege zu verhindern zielt, wie am Anfang dieses Buches erwähnt, darauf, das Recht der Macht durch die Macht des Rechts einzuschränken oder gar zu ersetzen.

Dieser Weg ist das Produkt der Aufklärung. Sein prominentester geistiger Wegbereiter war der deutsche Philosoph Immanuel Kant. Nach seiner Überzeugung „verdammt die Vernunft den Krieg" und macht „den Friedenszustand zu einer unmittelbaren Pflicht". Sein in dieser Hinsicht wichtigstes Werk ist die hier schon erwähnte Schrift „Vom ewigen Frieden" (1795). Hier ist bereits alles vorgedacht, was heute die Politik der kollektiven Friedenssicherung mit nicht-militärischen Mitteln ausmacht, wie etwa (in heutige Terminologie übertragen) Völkerrecht und Menschenrechte als Mittel der Friedensstiftung, Verrechtlichung der internationalen Beziehungen, Vertragstreue, Abrüstung, Rüstungskontrolle und vieles mehr.

Die Politik der EU ist – in ihrer ursprünglichen Funktion als Politik der Friedensstiftung durch Einigung – die bisher radikalste Verwirklichung dieser Ideen. Das EU-System ist innerhalb seines territorialen Bereichs zweifellos das heute weltweit am besten ausgearbeitete und gesicherte System für Friedenssicherung durch Kooperation und Einigung. Im Bereich der Weltpolitik verhält es sich etwas komplizierter. Der nach dem Ersten Weltkrieg mit dem Völkerbund unternommene Versuch, ein weltweites kollektives Sicherheitssystem zu schaffen, ist bekanntlich gescheitert. Seit dem Zweiten Weltkrieg aber steht der internationalen Staatengemeinschaft mit der „Organisation der Vereinten Nationen" (UNO) ein neuartiges System zur Verfügung – hiermit könn(t)en die Staaten, wenn sie woll(t)en, den Frieden in der Welt erfolgreich sichern.

Die Einigung Europas ist an sich ein *interner* europäischer Vorgang. Es wäre nicht zwingend erforderlich, dass die EU-Staaten die weltpolitischen Bereiche ihrer Politik, mit Ausnahme der Handelspolitik, in ihre gemeinsame europäische Politik einbeziehen. Gerade in der gegenwärtigen Lage und nach den Erfahrungen aus dem Jahr 2003 wäre es vermutlich sogar besser, die Einigungspolitik restlos auf die internen Themen der EU zu konzentrieren/reduzieren. Das würde den Einigungsprozess im größeren Kreis der 25 und demnächst 27 teilnehmenden Staaten mit einer ruhigeren Gangart stabilisieren. Doch scheint das mehrheitliche Interesse der EU-Staaten darin zu liegen, ihre weltpolitischen Bindungen, Interessen und Aktionen zu europäisieren. Sie wollen sie europäisch abstützen bzw. sich europäisch rückversichern.

Hinzu kommt, dass nach Umfrageergebnissen Kriege und Konflikte die stärksten Ängste und Befürchtungen der EU-Bürger ausmachen. Als Folge befürworten sie mit starker Mehrheit eine gemeinsame Außen- und Sicherheitspolitik der EU-Staaten. 83 Prozent der Europäer wollen eine einheitliche europäische Haltung in der internationalen Politik. 79 Prozent eine radikale Durchsetzung der Menschenrechte, 77 Prozent eine von den USA unabhängige europäische Außenpolitik,

69 Prozent eine schnell einsetzbare militärische Eingreiftruppe der EU.

Aus diesem Meinungsbild lassen sich allerdings keine Wünsche oder Vorstellungen der Europäer hinsichtlich der Orientierung der gemeinsamen Sicherheitspolitik im Einzelnen und der Anwendung von Waffengewalt im Besonderen entnehmen. Die Meinungen sagen ebenfalls nichts über die Einstellungen der Europäer zu den Einzelheiten und spezifischen Problemen einer europäischen Außen- und Sicherheitspolitik aus. Vielmehr zeigen sie – was ein ausgesprochen erfreulicher Aspekt ist – den Willen, einen effektiven europäischen Beitrag zur Sicherung des Weltfriedens zu leisten. Doch scheinen sie, wie immer wieder erkennbar wird, mehr von idealistischen als von realpolitischen Motiven getragen zu sein.

Die grundsätzliche Frage, ob Sicherheit durch Kriege oder besser durch Verhinderung derselben angestrebt werden solle, lässt sich mithilfe der Umfrageergebnisse nicht beantworten. Allenfalls lässt ein Hinweis in der Forderung von mehr als 50 Prozent der Befragten, dass an der gemeinsamen europäischen Außen- und Sicherheitspolitik auch die neutralen EU-Staaten mitwirken müssten, eine kritische Haltung gegenüber Kriegführungen erkennen. Zu dieser grundsätzlichen Frage, ob Krieg ein Mittel der Politik sein kann, haben die Europäer allerdings 2003 eindeutig und ohne Befragung mit ihren gewaltigen Demonstrationen gegen den Irak-Krieg Stellung bezogen. Doch jenseits von Ereignissen in der Dimension dieses Krieges scheinen sie zwar eine starke gemeinsame Außen- und Sicherheitspolitik zu wünschen, die Zielsetzungen, Planungen und Entscheidungen für sie aber relativ unkritisch der politischen Führung ihres jeweiligen Staates zu überlassen.

Seit dem Ende des Kalten Krieges und noch mehr seit dem 11. September 2001 sind die machtpolitischen Teile der Weltpolitik durch neue politische Konstellationen und Orientierungen, neue Bedrohungen und Kriegsformen in Bewegung und teilweise sogar in Turbulenzen geraten. Die europäische Politik ist in ihnen und insbesondere durch die Irak-Krise der EU von 2003 in ihren dreifachen – den europäischen, transatlantischen und globalen – Bezügen zur Weltpolitik schwer beschädigt worden. Erstens wurde Europa zumindest sicherheitspolitisch, aber vermutlich auch darüber hinaus, gespalten. Zweitens wurden die bisherigen Grundlagen der transatlantischen Politik, die in den vier Jahrzehnten des Kalten Krieges aufgebaut und gefestigt worden waren, zerstört oder zumindest schwer beschädigt. Drittens wurde die Position Europas in der sich immer mehr globalisierenden Welt noch undeutlicher als sie zuvor schon war.

Damit sind manche früheren Orientierungen für die Politik EU-Europas in der Welt hinfällig geworden. Hinzu kommt, dass auch die internen Veränderungen, die in der EU mit ihrer Erweiterung einhergehen, Auswirkungen auf ihre Außenbeziehungen haben werden. Infolgedessen ist für die europäische Politik die Überprüfung der europäischen Sicherheitspolitik, der europäisch-amerikanischen Beziehungen und der Position Europas in der Welt das dreifache Gebot der Stunde.

Die Sicherheit Europas

An sich hat in jeder Sicherheitspolitik immer die militärische Sicherung des eigenen Territoriums gegen Angriffe von außen Vorrang vor allem anderen. Für die Europäer ist das jedoch seit dem Ende des Kalten Krieges offenkundig kein Thema mehr. Gegenwärtig jedenfalls halten sie derartige Sicherheitsvorkehrungen für Europa nicht für notwendig. Sicherheit wird für Europa heute auf doppelte Weise angestrebt: intern mit den Mitteln der Einigung und im Außenverhältnis, also im näheren und weltpolitischen Umfeld Europas, mit militärischer Machtprojektion und Intervention, sprich Kriegführung. Die Frage, wie viel Einigung Europa braucht, stellt sich im Bereich der

Außen- und vor allem der Sicherheitspolitik gegenwärtig als die Frage, zu wie viel Einigung die EU-Staaten in diesem Bereich ihrer gemeinsamen Politik fähig sind.

Die Friedenssicherung innerhalb Europas

In der EU war von Anfang an nicht nur die Einigung, sondern auch ihr traditionelles Ziel Friedenssicherung das Hauptthema. Schon bei der Vorstellung des Planes für die Europäische Gemeinschaft für Kohle und Stahl (EGKS) am 9. Mai 1950 hatte der französische Außenminister Schuman auf die Friedenssicherung als übergeordnete Zielsetzung hingewiesen: „Die Zusammenlegung der Kohle- und Stahlproduktion wird die Bestimmung jener Gebiete ändern, die lange Zeit der Herstellung von Waffen gewidmet waren, deren sicherste Opfer sie gewesen sind." Und weiter: „Der Beitrag, den ein organisiertes und lebendiges Europa für die Zivilisation leisten kann, ist unerlässlich für die Aufrechterhaltung friedlicher Beziehungen." Heute bilden die EU, der Europarat und die „Organisation für Sicherheit und Zusammenarbeit in Europa" (OSZE), die 1975 als Konferenz KSZE gegründet worden war, zusammen ein effizientes System für die nicht-militärische Sicherung des Friedens innerhalb Europas.

Die KSZE/OSZE erfasste in ihrer ersten Phase bis zum Ende des Kalten Krieges den Bereich von Ost- und Westblock und der neutralen Staaten. Hier widmete sie sich mit dem Mittel der blockübergreifenden Kooperation der Förderung von Wirtschaftsbeziehungen, Menschenrechten und Sicherheit. Zu ihren wichtigsten Erfolgen gehört, dass sie die Erörterung von Fragen der Menschenrechte innerhalb des sowjetischen Herrschaftsbereichs legalisiert und damit nicht unwesentlich zum Zusammenbruch des Sowjetregimes beigetragen hat. Heute fördert die OSZE, ebenso wie der Europarat, die Sicherung des Friedens in Europa durch Förderung der Demokratisierung. Ihre Instrumente für die Kontrolle und Stabilisierung dieser präventiven

Friedenssicherung sind ein Forum für Sicherheitskooperation, ein Vergleichs- und Schiedsgerichtshof, zahlreiche für besondere Zwecke eingesetzte Missionen und weitere Gremien, besondere Kommissare und Beauftragte usw. Einer breiteren Öffentlichkeit sind die Wahlbeobachtungen – zuletzt die in Georgien (2004) – bekannt geworden.

Wie für die Weltpolitik nach dem Ersten Weltkrieg mit dem Völkerbund und nach dem Zweiten Weltkrieg mit der UNO, so entstand für Europa nach dem Ende des Kalten Krieges mit der KSZE/OSZE Hoffnung auf eine stabile kollektive Sicherheit. Die KSZE wurde mit zwei Gipfelkonferenzen in Paris und Helsinki spektakulär zur OSZE aufgewertet und mit der Charta von Paris (1990) und dem Helsinki-Dokument „Herausforderungen des Wandels“ (1992) als „Sicherheitszone von Vancouver bis Wladiwostok“ quasi neu begründet. Doch mangels Interesse ihrer größeren Mitgliedstaaten entwickelte sie sich nicht so positiv, wie es notwendig und auch möglich gewesen wäre. Das zeigte nicht zuletzt die nachgeordnete Rolle, die ihr in den 90er Jahren auf dem Balkan zugewiesen worden war.

Der Europarat und die OSZE repräsentierten in Europa, ebenso wie die nicht-militärischen Teile der EU, von Anfang an die über den militärischen Bereich hinaus gehende Form der Friedenssicherung durch Kooperation und Verrechtlichung. Das ist letztlich eine Friedenssicherung durch Veränderung der Verhaltensweisen von Menschen, Staaten und Regierungen. Daher standen Europarat und OSZE bis zum Ende des Kalten Krieges immer im Schatten des durch extreme militärische Konfrontation bestimmten Ost-West-Konflikts. Auch vor dem Hintergrund von Ereignissen wie dem gegenwärtigen Anti-Terrorismus-Krieg oder dem israelisch-palästinensischen Krieg mögen die beiden Organisationen manchem gar als romantisch erscheinen.

Infolgedessen fanden und finden sie politisch und gesellschaftlich immer noch weniger Interesse als militärisches Planen und Handeln. Deshalb gilt für den Europarat und die OSZE in besonderem Maße die für alle internationalen Organisationen zutreffende Erfahrung, dass sie nur so stark sein können, wie ihre großen und mächtigen Mitglieder das aus ihrer eigenen Interessenlage für wünschenswert halten. Es wäre kluge und fortschrittliche europäische Politik, diese beiden Organisationen zu beleben und effizienter zu machen.

Das gegenwärtig und noch für geraume Zeit zentrale Unternehmen für Sicherheit innerhalb Europas ist die Osterweiterung der EU. Mit ihr dehnt sich das nicht-militärische Sicherheitssystem der EU in das größere Europa hinein aus. Darüber hinaus kann die EU auch ohne besondere neue Systeme (insbesondere, wie hier früher gezeigt, nach Osten und Süden) über ihre Grenzen hinaus Frieden sichern. Gleichzeitig nimmt im Europarat und in der OSZE aufgrund der sich vergrößernden Zahl der EU-Staaten das Gewicht der EU zu. Beides bietet die Chance für eine weitere Europäisierung und damit Verstärkung nicht-militärischer und präventiver Sicherheit innerhalb Europas.

Die Zurückdrängung atavistischer Formen der Konfliktlösung mit Waffengewalt liegt im vitalen europäischen Interesse. Sie ist die primäre sicherheitspolitische Aufgabe der nun ganz Europa umfassenden EU, die gerade auf diese Weise auch über ihre Grenzen hinaus wirken kann. Die nachbarschaftliche Kooperation der EU mit ihrem Umfeld ist nicht-militärische Friedenssicherung. Friedenssicherung in Europa ist nicht ausschließlich eine militärische oder unmittelbar politische, sondern auch und vielleicht sogar vorrangig eine gesellschaftliche Aufgabe. Die Einsicht, dass „die Vernunft den Krieg verdammt" (Kant), verdient in der europäischen Sicherheitspolitik gerade in der derzeitigen weltpolitischen Situation, in der die Umwertung einiger Werte stattfindet, größere Aufmerksamkeit.

Die Außen-, Sicherheits- und Verteidigungspolitik der EU

Eineinhalb Jahrzehnte, nachdem die beiden frühen Projekte Europäische Politische Gemeinschaft (EPG) und Europäische Verteidigungsgemeinschaft (EVG) 1954 gescheitert waren, war 1969 mit einer Gipfelkonferenz der damals immer noch nur sechs EG-Staaten in Den Haag ein neuer politischer Anlauf für die Einigung Westeuropas genommen worden. Eines seiner Ergebnisse war der Beginn einer nicht-militärischen außenpolitischen Zusammenarbeit zwischen den EG-Staaten, jedoch zunächst ganz vorsichtig außerhalb der EG. Sie erhielt die recht allgemeine Bezeichnung „Europäische Politische Zusammenarbeit“ (EPZ). Ihre Entscheidungsgrundlage war der Konsens bzw. die Einstimmigkeit. Das Verfahren war einfach: Kam zu einer politischen Frage ein Konsens zustande, gab es eine gemeinsame europäische Position bzw. Politik. Kam kein Konsens zustande, blieb alles, wie es war.

1993 wurde die EPZ in die mit dem Vertrag über die Europäische Union (EUV) eingeführte „Gemeinsame Außen- und Sicherheitspolitik“ (GASP) als deren außenpolitischer Teil übernommen. Sie stellte schon damals nicht nur einen bemerkenswert umfangreichen und stabilen Fundus an realer außenpolitischer Gemeinsamkeit dar. Auch die Betrachtungs- und Beurteilungsweisen und sogar politische Grundlinien der EU-Staaten hatten sich im Laufe der über zwei Jahrzehnte gemeinsamen außenpolitischen Umgangs miteinander immer mehr untereinander angeglichen.

Gerade in der heutigen Situation ist es gut sich daran zu erinnern, dass die EU ihre außenpolitische Geschlossenheit und Handlungsfähigkeit und die Anerkennung, die sie international findet, nicht durch ausgeklügelte vertragliche Verpflichtungen oder zwingende Regeln gewonnen hat. Sie gewann sie dadurch, dass sie über lange Zeit mit einem relativ locker gefügten Regelwerk gemeinsame Außenpolitik praktiziert hat. Das einzig Zwingende war und ist, dass die EU-Staaten zwar nicht zum

Konsens, wohl aber zur Konsultation über ihn verpflichtet sind. Dieses System hat sich bewährt. Es ist bis heute kein Fall bekannt geworden, in dem ein Mangel an Konsens und damit das Fehlen von Gemeinsamkeit in einer außenpolitischen Frage zu einem Debakel für die EU geführt hätte. Die Flexibilität des Systems war und ist seine Stärke.

Allerdings wurde 1997 mit dem Vertrag von Amsterdam (AV) versucht, die Verfahren der GASP zu straffen. Seither können im EU-Ministerrat Beschlüsse für die GASP unter gewissen Umständen auch ohne Einstimmigkeit gefasst werden. Es folgten weitere Bemühen mithilfe bestimmter Verfahren einen nicht oder nur ungenügend vorhandenen gemeinsamen außenpolitischen Willen der EU-Staaten irgendwie erzwingen zu wollen. Alle Erfahrungen zeigen jedoch, dass auch nach derartigen verfahrensmäßigen Ergänzungen die gemeinsame Außenpolitik der EU-Staaten im Grunde nicht anders zustande kommt als früher. Um das zu wissen, hätte es nicht des Irak-Eklats von 2003 bedurft. Über die strafferen Verfahren kann Gemeinsamkeit nur in Fragen geringer Bedeutung hergestellt werden.

Im Übrigen kann sich in der Außenpolitik der GASP – also gewissermaßen bei der GA(S)P – der Ministerrat lediglich mit den großen Linien und mit besonders wichtigen oder schwierigen Einzelfragen befassen. Das Gros außenpolitischer Zusammenarbeit findet überwiegend auf den Ebenen unterhalb des Ministerrats statt. Dort wird sie in den jährlich vielen Hunderten, wenn nicht gar Tausenden EU-interner Konsultationen in Brüssel, zwischen den Außenministerien, den Botschaften der EU-Staaten, in dritten Staaten und zwischen Delegationen an vielen Orten und in vielen Gremien, Konferenzen und Einzelgesprächen verwirklicht.

Infolgedessen kann die gemeinsame Außenpolitik oft allein schon aus technischen und zeitlichen Gründen meist lediglich nach dem Konsensprinzip gestaltet und umgesetzt werden. Hier findet besonders intensiv der einzigartige Prozess der ständigen europäischen Angleichung, Harmonisierung und auch Vereinheitlichung nationaler außenpolitischer Positionen statt, der schon seit Beginn der EPZ das Markenzeichen der gemeinsamen europäischen Außenpolitik ist. Diese konsultative und grundsätzlich am Konsens orientierte außenpolitische Zusammenarbeit ist die der EU adäquate und gleichzeitig erfolgreiche Form der gemeinsamen Beteiligung der EU-Staaten an der internationalen Politik.

Die heutigen Probleme begannen damit, dass die EU-Staaten das „S" in ihre GASP einfügten, dass sie versuchten, zusätzlich zu ihrer traditionellen nicht-militärischen Außenpolitik eine militärisch grundierte Außen- und Sicherheitspolitik zu entwickeln – also eine Außenpolitik, zu deren Mitteln auch militärische Interventionen (Kriege) gehören. Für gemeinsames militärisches Handeln ist ein Konsens im Allgemeinen natürlich schwieriger zu erreichen als für eine gemeinsame außenpolitische Position. Ferner ist militärisches Handeln in der Regel viel stärker und direkter – im Vergleich zu rein außenpolitischem Handeln – der Ausdruck der eigenen machtpolitischen Position des handelnden Staates. Hinzu kommt, dass militärisches Handeln der EU bekanntlich zu Konflikten mit den bestehenden militärischen Strukturen, vor allem der NATO, und der sie beherrschenden Supermacht USA führt.

Schließlich ist es ein Mangel der gemeinsamen militärischen Außenpolitik der EU, dass sie immer nur konfliktorientiert von Fall zu Fall stattfindet. Es fehlt ihr eine konstante und stabile politische, organisatorische und militärisch-materielle Grundlage, wie sie innerhalb der anderen Bereiche der EU-Zusammenarbeit kontinuierlich hergestellt und gepflegt wird. Sie wäre vorhanden, wenn es annäherungsweise so etwas wie eine europäische Verteidigungspolitik im strikt traditionellen Sinne dieses Wortes gäbe. Auch in den heutigen gewandelten Zeiten ist die Landesverteidigung der traditionelle Primärauftrag jeder Armee. Die EU-Staaten könnten auf dieser traditionellen

Grundlage eine enge ständige Zusammenarbeit mit Angleichungen der militärischen Standards, Ausrüstungen, Ausbildungen usw. pflegen. Dann hätten sie bereits diesseits von *Eurokorps* und anderen multilateralen Verbänden eine bessere Basis bzw. Ausgangsposition für militärische Interventionen außerhalb des EU-Gebietes aus aktuellen Anlässen.

Die Unklarheiten in der gemeinsamen militärischen Politik der EU-Staaten begannen bereits mit dem militärischen Teil der GASP des EUV (1993). Mit ihm strebte die EU ein eigenes militärisches Machtpotenzial an, aber das Unternehmen entwickelte sich zunächst aus Angst vor der eigenen Courage mit erstaunlicher Zögerlichkeit. Von einem gemeinsamen festen Willen zur Einführung und Praktizierung einer derartigen Außenpolitik konnte keine Rede sein, schon gar nicht von einem gemeinsamen Willen zu gemeinsamem Handeln mittels Einsatz der eigenen militärischen Mittel. Die EU-Staaten wollten bei bewaffneten Interventionen für politische Zwecke nicht selbst als EU-Staaten militärische Gewalt anwenden.

Sie überließen dies der aus 25 Mitgliedstaaten mit unterschiedlichem Mitgliederstatus bestehenden, politisch und militärisch bunt gewürfelten und inzwischen dahingeschwundenen „Westeuropäischen Union" (WEU). Dafür mussten sie die WEU nach den mit ihr getroffenen Vereinbarungen zunächst „ersuchen" militärisch zu handeln. Später wurde vereinbart, dass die EU-Staaten die WEU einfach „in Anspruch nehmen" konnten. Die WEU galt als „bewaffneter Arm" der EU. Einen eigenen Arm konnte oder wollte die EU damals offensichtlich nicht haben. Die weitere EU-Politik der militärischen Interventionen entwickelte sich bis heute im Wesentlichen in zwei Schüben, die wiederum aus zwei besonderen Anlässen entstanden waren.

Der *erste Anlass* war die tief greifende Enttäuschung in der EU darüber, dass der („europäische") Krieg gegen Jugoslawien Anfang 1999 nicht europäisch, sondern von den USA vorbereitet, begonnen, geführt und beendet worden war. Die Enttäuschung war nicht zuletzt deshalb so groß, weil die am meisten enttäuschten größeren EU-Staaten kräftig an der Entwicklung mitgewirkt hatten, die zu diesem Ergebnis führen sollte. Aber durch diese Enttäuschung erhielten Überlegungen in Richtung einer nun etwas konkreteren Initiative für ein europäisches militärisches Interventionssystem einen kräftigen Schub. Großbritannien hatte seine Zustimmung gegeben. Im Dezember 1999 beschlossen die EU-Staaten die Einführung der „Europäischen Sicherheits- und Verteidigungspolitik“ (ESVP). Die EU sollte einen eigenen bewaffneten Arm erhalten.

Mit der Einführung der ESVP wurde zwar erstmalig auch die *Verteidigung* als ein Teil der gemeinsamen europäischen Sicherheitspolitik genannt. Gleichzeitig wurde aber öffentlich erklärt, dass die Verteidigung Europas (im traditionellen Sinne dieses Begriffs) selbstverständlich weiterhin Sache der NATO sei. Innerhalb der ESVP hingegen bedeutet Verteidigung immer militärische Intervention, also Angriff, für politische Zwecke. Dabei soll die ESVP jedoch nicht in Konkurrenz zur NATO, sondern innerhalb von ihr agieren. Kernstück der ESVP sollte eine Eingreiftruppe von 60.000 Mann sein, aber schon 2002 beschlossen die NATO-Staaten auf amerikanischen Vorschlag hin ebenfalls die Schaffung einer Eingreiftruppe. Sie hat inzwischen Gestalt angenommen. Ihrer Gründung haben auch alle der NATO angehörenden EU-Staaten ohne weiteres zugestimmt.

Der *zweite Anlass* der Bemühungen in Richtung militärischer Machtausübung durch die EU in der Weltpolitik waren der Irak-Krieg von 2003 und die Spaltung der EU, die mit ihm einherging. In Reaktion auf diese Krise entstand zunächst ein wenig überzeugendes und inzwischen wohl auch sanft entschlafenes Projekt von einem aus Belgien, Deutschland, Frankreich und Luxemburg zu bildenden militärpolitischen Verbund. Das Vorhaben war weniger ein ernst zu nehmender Beitrag zur

Suche nach neuen Wegen, mehr ein Ausdruck der großen Bestürzung, die in Europa herrschte. Im Juni 2003 plante dann der Europäische Rat in Thessaloniki eine Initiative. Im Dezember beschloss er in Brüssel eine neue Strategie der EU. Diese hier später noch zu behandelnde Strategie ist hinsichtlich einer gemeinsamen Anwendung von Waffengewalt durch die EU-Staaten etwas weniger forsch bzw. vernünftiger als die Beschlüsse, die 1999 zur Einführung der ESVP geführt hatten.

Bezüglich des Strebens nach unabhängigem militärischem Agieren der EU ist festzuhalten, dass sich die neue Strategie der EU im alten Rahmen der NATO befindet. Diese behält ihren traditionellen sicherheitspolitischen Vorrang vor der EU. Die NATO-Führungsmacht USA hat, nach dieser Sicherstellung, der neuen Strategie der EU vorab zugestimmt. Das Gleiche gilt für Großbritannien, das zuvor eine Europäisierung von Teilen der transatlantischen Sicherheitspolitik abgelehnt hatte. 2007 soll eine aus einigen EU-Staaten zu bildende EU-Eingreiftruppe von 60.000 Mann einsatzbereit sein. In Brüssel werden beim Ministerrat der EU künftig zusätzlich etwa drei Dutzend Offiziere militärische Themen bearbeiten.

Die beiden Anläufe der Jahre 1999 und 2003 bezüglich einer eigenständigen und militärisch definierten weltpolitischen Rolle der EU ähneln sich in ihren Abläufen und Ergebnissen dermaßen, dass sie als repräsentativ für das generelle Verhalten und die generellen Möglichkeiten der EU-Staaten im Bereich der von ihnen angestrebten ESVP gelten können. Einen weiteren Einblick mit gleichartigem Ergebnis vermittelten die Entwicklungen, die unmittelbar den Ereignissen vom 11. September 2001 folgten. Die EU-Staaten verzichteten bei diesem Anlass auf jegliche gemeinsame Politik oder gar Waffenanwendung. Vielmehr drängten die meisten von ihnen von vorneherein und jeder für sich und wie ganz selbstverständlich zu einer eigenen nationalstaatlichen Beteiligung an der Kriegführung der USA. Die Diskrepanz zwischen dem von den EU-Staaten mit ihrer GASP/ESVP erhobenen Anspruch, in der Weltpolitik gemeinsam einheitlich und auch mit Waffenmacht zu agieren, und ihrer tatsächlichen Fähigkeit bzw. Bereitschaft, diesem Anspruch einigermaßen gerecht zu werden, ist evident.

Der Einfluss der USA auf die europäische Politik ist notorisch, sollte jedoch nicht den Blick darauf verstellen, dass die Hauptgründe für die Unfähigkeit der EU machtpolitisch einheitlich zu handeln in ihr selbst liegen. Ebenso wie nach dem 11. September 2001 könnte auch jetzt und künftig niemand die EU-Staaten (diesseits einer Kriegführung gegen sie) daran hindern in der Weltpolitik mit militärischen Mitteln zu intervenieren und das umso weniger, wenn sich die Intervention im Rahmen des geltenden Völkerrechts hält. Doch zu einem derartigen gemeinsamen militär- und machtpolitischen Handeln sind die EU-Staaten offenkundig von sich aus nicht fähig. Es fehlt ihnen einfach der gemeinsame Wille. Die Gründe hierfür sind eindeutig.

Erstens ist das Vorhaben EU-intern im Ansatz widersprüchlich. Geschlossenes militärisches Handeln mehrerer Staaten setzt eine entsprechend geschlossene politische Basis voraus. Sie ist bekanntlich nicht vorhanden. In diesem Zusammenhang wurde eingangs für den EU-Einigungsprozess das Bild vom Versuch der europapolitischen Quadratur des Kreises der nationalstaatlichen Interessen der EU-Mitgliedstaaten geprägt. Nirgendwo tritt dieser Vergleich so deutlich hervor wie auf dem Gebiet militärischer Machtausübung durch europäische Staaten.

Als herausragende Beispiele sind auch hier wiederum Frankreich und Großbritannien exemplarisch. Beide sind Nuklearmächte und haben einen Ständigen Sitz im UNO-Sicherheitsrat. Sie sind aber nicht mehr in der Lage neben der Supermacht USA aus eigener Kraft eine Weltmachtrolle zu spielen. Frankreich kompensiert diesen Mangel dadurch, dass es sich als europäischste aller europäischen Mächte geriert, Großbritannien dadurch, dass es den Platz des treuesten Alliierten der USA einnimmt. Die übrigen EU-Staaten lassen sich, sofern sie einigermaßen deutliche außenpolitische Positionen haben, in etwa auf diese beiden machtpolitischen Grundpositionen aufteilen. Die gemeinsame Loyalitätsadresse, die 2003 die gegenwärtigen und künftigen EU-Staaten Dänemark, Großbritannien, Italien, Polen, Portugal, Spanien, Tschechien und Ungarn der amerikanischen Regierung geschickt hatten, illustrierte die Situation.

Eine einigermaßen gemeinsame und tragfähige europäische Grundposition lässt sich aus den sehr unterschiedlichen Positionen der EU-Staaten in überschaubarer Zukunft nicht zusammenfügen. Denn auch ganz unabhängig von den erheblichen Interessenunterschieden läuft schließlich die gesamte subsidiarisierte, renationalisierte und rekulturalisierte EU-Politik nicht gerade in Richtung eines engen und integrierten Zusammenschlusses der Staaten in der EU. Diese aber wäre eben, wie gesagt, erforderlich für eine ESVP mit der Fähigkeit zu einheitlicher Kriegführung aufgrund einheitlicher Entscheidungen (auch über Leben und Tod europäischer Bürger).

Zweitens sind Fragen des Einsatzes militärischer Mittel nicht immer ausschließlich Machtfragen. Sie werden ebenfalls von allen Staaten, einschließlich der EU-Staaten, und ihren Bürgern als nationale Angelegenheit, wenn nicht gar als nationaler Auftrag verstanden. So ist zum Beispiel unverkennbar, dass alle EU-Staaten ihre Beteiligung an multilateralen bzw. multinationalen sicherheitspolitischen Aktionen von Staatenverbünden und Allianzen – wie UNO, EU und NATO – weniger als Beteiligung an einer Gemeinsamkeit, sondern mehr als Teil ihrer ureigenen Außen- bzw. Sicherheitspolitik verstehen und auch so präsentieren. Vorstellungen über eine europäische militärische Gemeinsamkeit, die über eine Assignierung, Delegierung, Kombinierung etc. von nationalen Streitkräften für europäische Zwecke hinausgingen, gingen an der Wirklichkeit des wahren Empfindens der großen Mehrheit der Bürger der Staaten Europas vorbei.

Drittens ist zu berücksichtigen, dass in der EU der 25 oder 27 Staaten die weltpolitischen Orientierungen der Mitgliedstaaten und ihrer Bürger sehr unterschiedlich sind. Acht der früheren EU der 12 Staaten und der bisherigen EU der 15 Staaten sind europäische Staaten, deren außenpolitische Vorgeschichte und Kultur wesentlich durch ihre frühere weltpolitische Position als Kolonialmächte geprägt ist. Das hatte in der EU seine Spuren hinterlassen, beispielsweise mit dem so genannten Lomé- bzw. Cotonou-Abkommen der EU mit 71 früheren Kolonialgebieten und heutigen Entwicklungsländern, den so genannten AKP-Staaten (Afrika, Karibik, Pazifik). Die neue EU der 25 oder 27 Staaten aber besteht mehrheitlich aus Mitgliedstaaten mit binneneuropäischer außenpolitischer Vorgeschichte und politischer Kultur. Das wird gewiss nicht ohne Auswirkungen auf die Motivationen innerhalb der EU für militärische Interventionen für politische Zwecke in Übersee bleiben.

Zusammenfassend lässt sich bezüglich der Frage, wie viel und insbesondere welche Einigung Europa im Bereich der „Gemeinsamen Außen- und Sicherheitspolitik" (GASP) und insbesondere der „Europäischen Sicherheits- und Verteidigungspolitik" (ESVP) braucht, feststellen:

Die gemeinsame Außenpolitik der EU-Staaten ist auf hohem Niveau erfolgreich. Das Ziel aber, die EU mithilfe ihrer GASP/ESVP in der Weltpolitik als bewaffnete Weltmacht zu etablieren, die fest integriert ein in sich geschlossener einheitlicher machtpolitischer *Global Player* sein könnte, ist auf absehbare Zeit nicht erreichbar. Die Spaltung der EU von 2003 anlässlich des Irak-Krieges war keine Panne, sie war das Ergebnis tief greifender und fortdauernder Interessen- und Beurteilungsunterschiede innerhalb der EU. Der EU fehlt für eine einheitliche Weltmachtrolle der gemeinsame Wille der EU-Staaten. Er kann weder durch ausgeklügelte Abstimmungsverfahren noch durch die Organisierung von militärischem Personal und

Material herbeigeführt oder ersetzt werden. Eine derartige EU-Politik ist auch weder für eine positive Fortentwicklung des Einigungsprozesses in der EU noch für einen spezifisch europäischen Beitrag zur Sicherung des Weltfriedens erforderlich. Das Streben nach dieser nicht erreichbaren EU-Politik entzieht der EU jedoch Ressourcen, die an anderen Stellen nützlicher eingesetzt werden könnten. Es hat ferner zur Folge – ohne Gewinn für die EU – Spannungen mit den USA zu fördern. Zusammenfassend kann festgestellt werden, dass es unkluge europäische Politik wäre, von der EU etwas zu fordern bzw. mit ihr etwas zu versuchen, was sie offenkundig nicht leisten kann. Daher sollte für die Fortführung der militärischen Ambitionen der GASP/ESVP Folgendes gelten:

- Die EU-Staaten sollten das Ziel einer einheitlichen Weltmachtrolle der EU nicht weiter verfolgen.
- Sie sollten das weltpolitische Agieren mit militärischen Mitteln von Europa aus der Entscheidung der einzelnen EU-Staaten überlassen.
- Sie sollten für das Handeln auf diese Weise gemeinsame und für alle EU-Staaten bei jeder Gelegenheit verbindliche Grundsätze, Regeln und Verfahren vereinbaren.
- Sie sollten die europäischen militärischen Mechanismen der GASP/ESVP nur fortführen, um die militärischen Unternehmungen einzelner EU-Staaten, sofern von ihnen gewünscht, zu koordinieren.

Europa in der Weltpolitik

Die EU kann zur Sicherung des Weltfriedens nur unwesentlich mit europäischer militärischer Machtentfaltung beitragen. Ihre Stärke liegt in ihren Fähigkeiten zur multilateralen Kooperation, so wie sie diese zunächst intern und dann im größeren europäischen Rahmen (und darüber hinaus) entwickelt hat.

Damit kann sie in der Weltpolitik und in erster Linie innerhalb der Organisation der Vereinten Nationen (UNO) positive Wirkungen erzielen. Parallel hierzu ist die EU aber auch auf vielfältige Weise mit der Hypermacht USA und ihrer Politik der ständigen und vorrangigen militärischen Machtentfaltung verbunden. Die multilateralen kooperativen Möglichkeiten und die Haltung der EU gegenüber der Politik der USA sind die beiden Pole, zwischen denen Europa seinen eigenen Weg finden und einen eigenständigen europäischen Beitrag zur Sicherung des Friedens in der Welt leisten kann.

Die UNO

Die UNO und die EU sind nahezu gleich alt, sie sind beide infolge der Erfahrungen des Zweiten Weltkrieges und aus Konflikten/Kriegen der vorangegangenen Jahrhunderte entstanden. Beide Organisationen haben ihre geistigen Wurzeln in der Aufklärung und sind den gleichen, von der westlichen Zivilisation geprägten Werten verpflichtet. Sie stehen – jede auf ihre Weise – für einen neuen, betont kooperativen Multilateralismus und können hiermit zur Friedenssicherung beitragen.

Das Sicherheitssystem der UNO ist ebenso einfach wie neuartig. Alle Mitgliedstaaten haben sich völkerrechtlich verbindlich verpflichtet, außer zur Selbstverteidigung keine Waffengewalt anzuwenden. Das Recht auf Selbstverteidigung gilt jedoch nur bis zu dem Zeitpunkt, in dem der UNO-Sicherheitsrat (SR) den Fall übernimmt. Ferner haben die Staaten ebenso verbindlich den 15 (fünf ständigen und zehn wechselnden) Mitgliedern des SR vorab (blanko) ein ständiges Mandat erteilt in allen Fragen des Weltfriedens und der internationalen Sicherheit im Namen aller Staaten zu entscheiden und zu handeln. Es schließt u. a. die Berechtigung ein, gegen einen Friedensstörer mit Waffengewalt vorzugehen. Schließlich haben sich alle UNO-Staaten dazu verpflichtet, den Entscheidungen des SR Folge zu leisten.

Das Sicherheitssystem der UNO ist aus der spezifischen Situation des Zweiten Weltkrieges entstanden. Seither hat sich die Welt gewaltig verändert. Die Kolonialreiche und das Sowjetreich verschwanden. Zusätzlich zu den 51 Gründerstaaten der UNO entstanden 140 neue Staaten, unter ihnen einige Großstaaten. Die Globalisierung setzte ein und entwickelt sich in noch nicht klar zu erkennende Richtung. Kriege und andere bewaffnete Konflikte finden nicht mehr nur zwischen Staaten, sondern auch zwischen und in Gesellschaften statt. Als Feinde werden nicht nur staatliche und militärische, sondern auch wirtschaftliche und religiöse Mächte empfunden. Entsprechend variiert gestalten sich die Konflikte. Es wäre sinnvoll, das Sicherheitssystem der UNO den veränderten Verhältnissen anzupassen, doch alle Versuche sind bisher an dem fast unentwirrbaren Gemisch der Interessen der einzelnen Staaten gescheitert. Somit gilt für das Sicherheitssystem der UNO die gleiche, hier schon zitierte berühmte Bewertung, die Churchill für das demokratische System gefunden hatte: Es sei ein lausiges System, aber das beste, das wir haben.

Zu berücksichtigen ist jedoch, dass die Themen des SR spektakulär und oft dramatisch sind. Aber sein System kann in der Regel bestenfalls kurz vor einem bewaffneten Konflikt, meistens erst nach seiner Entstehung greifen. Die deutlich wichtigere und vor allem wirksamere vorbeugende Friedenssicherung vollzieht sich kontinuierlich und sehr viel weniger spektakulär auf dem weiten wirtschaftlichen, entwicklungspolitischen, gesellschaftlichen und kulturellen Arbeitsfeld der UNO. Hier hat auch die nicht-militärische gemeinsame Außenpolitik und die Zusammenarbeit der EU in und mit der UNO ihr Gewicht und ihre Bedeutung für die Friedenssicherung.

Die EU-Staaten sind nicht nur selbstredend alle UNO-Mitglieder, unter ihnen befinden sich auch sieben Gründungsmitglieder und von diesen wiederum sind zwei Ständige Mitglieder des SR. Die EU-Staaten machen zwar nur ca. acht Prozent der

191 Mitglieder der Weltorganisation aus, steuern aber ca. 40 Prozent zum ordentlichen UN-Haushalt bei und sind immer prominent an den Zahlungen für den außerordentlichen Haushalt beteiligt. Ferner tragen sie ca. 40 Prozent zur Kostendeckung von friedenssichernden Maßnahmen und ca. 60 Prozent zur Entwicklungspolitik der UNO bei. Unter den zehn größten Beitragszahlern der UNO finden sich sechs EU-Staaten.

Außerdem ist die EU die stärkste und gleichzeitig geschlossenste Staatengruppierung innerhalb der UNO. Sie kann durch ihr Wirtschafts- und Beitragsvolumen, durch ihren politischen Zusammenhalt und ihr in der Regel einheitliches Auftreten erheblich mehr Gewicht auf die Waagschale legen, als es der bloßen Summe der nationalen Positionen/Möglichkeiten ihrer einzelnen Mitglieder entspricht. Insgesamt hat also die EU-Politik in der UNO eine stabile Grundlage. Alles sollte demzufolge dafür sprechen, dass die beiden, sich in vieler Hinsicht so ähnlichen Organisationen, auch stets eng zusammenwirken – zumindest bei der Erfüllung ihrer Kernaufgabe Friedenssicherung.

Das findet im engeren Sinne im UNO-Sicherheitsrat statt. Hier steht der europäischen Zusammenarbeit jedoch seine besondere Konstruktion der Mitgliedschaft im Wege, denn die EU-Staaten Frankreich und Großbritannien sind (neben USA, Russland und China) Ständige Mitglieder mit Veto-Recht. Dieser Tatsache wird innerhalb der EU vertraglich Rechnung getragen. In Art. 19 EUV heißt es: „Die Mitgliedstaaten, die auch Mitglieder des Sicherheitsrates der Vereinten Nationen sind, werden sich abstimmen und die übrigen Mitgliedstaaten in vollem Umfang unterrichten. Die Mitgliedstaaten, die Ständige Mitglieder des Sicherheitsrats sind, werden sich bei der Wahrnehmung ihrer Aufgaben unbeschadet ihrer Verantwortlichkeiten aufgrund der Charta der Vereinten Nationen für die Standpunkte und Interessen der Union einsetzen."

Das heißt im Klartext zweierlei: Einmal orientieren sich Frankreich und Großbritannien im SR erfahrungsgemäß nur an „ihrer Verantwortlichkeit aufgrund der Charta“, d. h., sie orientieren sich an ihren nationalen Interessen. Und zum anderen wird dadurch die militärisch und machtpolitisch versuchte gemeinsame europäische Außenpolitik im SR noch schwieriger als sie ohnehin schon ist. Denn diese Positionen von Frankreich und Großbritannien sind durch unantastbare Privilegien geschützt. Nur wenn beide Staaten gleicher Meinung sind, kann sich wenigstens ein Ansatz europäischer Gemeinsamkeit ergeben.

Die Auseinandersetzungen im SR im Frühjahr 2003 spalteten nicht nur die fünf Ständigen SR-Mitglieder, deren Zusammenwirken eine der Grundlagen des UNO-Sicherheitssystems ist. Auch die beiden europäischen Ständigen SR-Mitglieder Frankreich und Großbritannien standen sich feindlich gegenüber. Dies war aus europäischer Sicht allerdings weniger dramatisch, als es den Anschein gehabt haben mag, denn beide Staaten haben im Grunde nichts anderes getan, als die gegensätzlichen Positionen eingenommen, die sie in der EU und in deren gemeinsamer Außenpolitik, wenn es ernst wird, seit eh und je vertreten: Frankreich pro-europäisch, Großbritannien pro-amerikanisch. Sie haben also nur einmal mehr den Beweis erbracht, dass die EU zu einer gemeinsamen machtpolitischen Position und Politik nicht fähig ist. Besonderes Gewicht erhält dieser Fall allerdings dadurch, dass es hierbei nicht nur um Krieg und Frieden, sondern zudem um einen Krieg ging, der nicht nur eindeutig rechtswidrig, sondern auch in jeder Hinsicht irrwitzig war.

Im gut überschaubaren UN-Bereich wird auch besonders deutlich, dass die militärisch und machtpolitisch grundierte GASP bzw. ESVP der EU problematisch, ihre nicht-militärische, gewissermaßen *weiche* Außenpolitik hingegen erfolgreich ist und erfolgreich fortentwickelt werden kann. Sie agiert in der

UNO auf einem besonders gearteten Terrain. Die Gestaltung internationaler Politik findet hier mit permanenter multilateraler Konferenzdiplomatie statt. Ihr Ziel ist es, grob gesagt, zwischen den in der Weltorganisation zusammengeschlossenen 191 Staaten für alle Problemlösungen immer einen möglichst breiten Konsens zu erzielen. Gleichzeitig haben sich verschiedene Gruppen von Staaten gebildet, die aus unterschiedlichen Ausgangspositionen mit gewisser Gemeinsamkeit UN-Politik betreiben.

Die EU-Staaten bilden eine Gruppe, die mit den ihr eigenen Möglichkeiten einen möglichst intensiven internen Konsens finden und damit auf die übrigen Staaten einwirken will. Das ist innerhalb der UNO etwas ganz anderes als die Politik eines einzelnen Staates, mag er auch groß und mächtig oder gar Hypermacht sein. Es ist die Fortsetzung der multilateralen Politik der wichtigen europäischen Staatengruppe der EU in die multilaterale Politik der weltweiten Staatengruppe der UNO hinein. Wobei zu berücksichtigen ist, dass Staaten im Allgemeinen einer Staatengruppe mit harmonisierten nationalen Interessen unbefangener begegnen, als einer Großmacht mit ihrem (einen) nationalen Interesse.

Die EU kann im Rahmen der permanenten Konferenzdiplomatie der UNO mit ihrer eigenen Konsensbildung die für den Erfolg der UNO nötige weltweite Konsensbildung erheblich fördern. Damit kann die EU-Politik zu dem werden, was sie in der Weltpolitik eigentlich sein sollte: nicht nur gemeinsame europäische Politik zur Vertretung der eigenen Interessen gegenüber den anderen UN-Mitgliedern, sondern ein aus europäischer Verantwortung besonders wirksamer Teil gemeinsamer UNO-Politik für die von der UNO im Interesse der Menschheit zu erfüllenden Aufgaben. Ein besserer europäischer Beitrag zur vorbeugenden Sicherung des Weltfriedens ist kaum vorstellbar.

Derartige Politik ist mühsam. In der Konferenzdiplomatie

wird sie oft mehr in Konsultationen am Rande, d. h. außerhalb des offiziellen Konferenzgeschehens, vorangebracht. Am Hauptsitz der UNO in New York und an ihrem zweiten Sitz in Genf haben die EU-Staaten allein für die interne Koordinierung und Harmonisierung ihrer Politiken in den letzten Jahren jährlich an jedem der beiden Orte etwa 500 Treffen durchgeführt. Sie haben damit erreicht, dass sie in der UNO-Generalversammlung für die nach der Geschäftsordnung im Konsens anzunehmenden Resolutionen immer zu 95 Prozent und mehr einheitlich gestimmt haben, bei den mit Mehrheitsvotum anzunehmenden Resolutionen immer mit 85 Prozent und mehr. Die fehlenden Prozente ergeben sich vornehmlich aus Rücksichtnahmen auf Staaten, die früher Kolonien von EU-Staaten waren. Grundsätzlich vollzieht sich die EU-Politik in Genf und an den übrigen UNO-Plätzen (Paris, Nairobi, Rom, Tokio usw.) nicht anders als in New York. Kurz, die UNO bietet ideale Möglichkeiten für die nicht-militärische gemeinsame Außenpolitik der EU-Staaten. Sie könnten mehr als bisher genutzt werden.

Die USA

Zwischen USA und Westeuropa, das sich mit seiner Einigung neu organisierte, bestand in dem halben Jahrhundert zwischen dem Ende des Zweiten Weltkrieges 1945 und dem Ende des Kalten Krieges 1990 eine fast symbiotische Beziehung. Sie hat sich in den letzten 15 Jahren und verstärkt seit dem 11. September 2001 erheblich verändert. Mit Blick auf die weitere europäische Einigungspolitik und die künftige Position Europas in der Welt sind weniger historische Tatbestände und Geschehnisse, vielmehr wesentliche Charakteristika der amerikanischen Außenpolitik von Interesse. Denn angesichts der europäischen Ursprünge der USA und vieler Ähnlichkeiten zwischen ihnen und Europa werden häufig grundsätzliche Unterschiede zwischen der europäischen und der amerikanischen Außenpolitik übersehen. Hinzu kommt, dass diese Charakteristika gegenwärtig besonders stark in Erscheinung treten.

Die außenpolitischen Grundpositionen der europäischen Staaten sind durch die geografische, kulturelle und politische Vielfalt Europas geprägt. Außenpolitik war für sie in ihrer langen Geschichte immer auf Nachbarn oder andere europäische Staaten bezogen. Sie wurde als regionale oder kontinentale Außen- und Sicherheitspolitik verstanden, in der jeder einmal Sieger oder Besiegter, Besetzer oder Besetzter war. Erst relativ spät gab es für die Europäer Außenpolitik auch als überseeische Politik, zunächst als Kolonialpolitik, dann als Weltpolitik.

Die amerikanische Außenpolitik hingegen zeichnet sich zunächst durch die ihr eigentümliche historisch-kulturelle und geopolitische Grundposition aus und ist durch ganz andere Erfahrungen geprägt. Die USA haben mit Kanada und Mexiko nur zwei unmittelbare Nachbarn, die zudem unschwer freundlich zu halten sind. Hinzu kommen einige kleinere karibische Staaten im so genannten *Hinterhof* der USA. Sicherheitspolitisch gesehen haben die USA keine Nachbarn. Das machte für sie die Kubakrise von 1962, in der sie aus ihrem Hinterhof nuklear bedroht wurden, zur ersten der beiden traumatischen Erfahrungen mit Angriffen im eigenen Land, die zweite war der Angriff auf das Welthandelszentrum in New York vom 11. September 20001.

Ferner befinden sich die USA mit ihrem Halbkontinent in einer Insellage, so dass ihre Außenpolitik immer Überseepolitik ist. Sie ist für sie eine über große Entfernungen stattfindende Außenpolitik in ihrem unmittelbaren, sich aber weit in die Ferne ausdehnenden Umfeld. Sie ist damit zwangsläufig auch fast immer Weltpolitik. Allein schon aus diesen Gegebenheiten entstand in den USA – seit ihrem Aufstieg zur Weltmacht – ein wenig die Vorstellung, sie seien gewissermaßen ein *Reich der Mitte*, dessen Umfeld die Welt ist.

Aufgrund dieser Ausgangsposition erklärt sich zunächst die

einseitige Ausrichtung der amerikanischen Außenpolitik, ihr *Unilateralismus.* Schon der erste Präsident der USA, George Washington (1732–1799), hatte seinen Landsleuten empfohlen, sie sollten sich vor „verstrickenden Bündnissen" (*entangling alliances*) hüten. Der amerikanische Unilateralismus wird außerhalb der USA kritisiert, und er könnte gewiss auch anders praktiziert werden, als dies derzeit geschieht. Er ist nicht zwingend, aber doch in gewisser Weise geopolitisch vorgegeben. Ferner erklären sich aus der besonderen Lage und Geschichte der USA zwei gleichartige Vorstellungen, die in der amerikanischen Außenpolitik und noch mehr bei deren Wahrnehmung in den USA lebendig sind: die Vorstellung von den USA als einer *unverzichtbaren Nation*, einer *indispensable nation*, und die Vorstellung von ihrer Vorbestimmung, ihrer *manifest destiny.*

Beide Vorstellungen stiften in den vergleichsweise immer noch jungen USA außenpolitische Identität, wie sie in europäischen Staaten durch die Pflege ihrer weit zurückreichenden Geschichte gestiftet wird. Sie ist durch die geradlinige Entwicklung der USA zu immer mehr Größe und Macht gefestigt. Diese verlief bekanntlich von der amerikanischen Landnahme von der Ostküste bis zur Westküste des Kontinents und den amerikanischen Eroberungen des 19. Jahrhunderts über das kriegsentscheidende Eingreifen der USA in die beiden Weltkriege bis zu dem militärischen und ideologischen Kampf gegen den Kommunismus und heute gegen das äußerst vielschichtige Phänomen, das grob verallgemeinert *Terrorismus* heißt. Der einzige Unterbruch und die einzige Niederlage war die Niederlage in Vietnam, die daher auch bis heute traumatische Nachwirkungen hat.

Letztlich lässt sich der Unterschied zwischen dem europäischen und amerikanischen Verständnis von Außenpolitik auf die unterschiedlichen historischen Wege zurückführen, die Europäer und Amerikaner gegangen sind. Die Europäer haben sich bis vor kurzem untereinander gestritten. Die Amerikaner sind, wie es im Rückblick erscheinen mag, in aller Ruhe einen eigenen Weg zur Position der einzigen Hypermacht der Welt gegangen, auf dem sie von niemandem, nicht einmal von der Sowjetunion, wirklich behindert werden konnten. In der europäischen Staatenwelt standen bis zur Politik der Einigung immer staatliche Gewalten gegeneinander. Die USA sind das Produkt staatlicher und sie stützender nicht-staatlicher Gewalt, der sich nie eine wirkliche andere Gewalt entgegengestellt hat.

Zu den typischen Grundlagen der amerikanischen Außenpolitik gehören auch die in der amerikanischen Politik und Öffentlichkeit verbreiteten Neigungen, internationale Tatbestände oder Zusammenhänge zu *ideologisieren*, zu *simplifizieren*, zu *moralisieren* und zu *verabsolutieren*. Auf der gleichen Linie liegen die Neigungen, drastische *Feindbilder* zu entwerfen oder Kategorien von Feinden zu definieren. Ein Beispiel für Letzteres ist die Kategorie der *Schurkenstaaten*. Sie war früher gebräuchlich, wurde dann offiziell abgeschafft und wird seit dem 11. September wieder offiziell verwendet.

Ferner fördert der große räumliche Abstand zwischen den amerikanischen Bürgern und dem sie betreffenden außenpolitischen Geschehen im Zusammenklang mit der Überzeugung von der *manifest destiny* der USA die Vorstellung, dass es in der internationalen Politik letztlich immer um einen Kampf zwischen Gut und Böse gehe, zwischen den amerikanischen Guten (*good guys*) und feindlichen Bösen (*bad guys*). Bekannt ist der Glaube von Präsident Reagan an ein *Reich des Bösen* und von Präsident Bush jr. an eine *Achse des Bösen*, denen sich die guten USA entgegenstellen müssten. Auf solcher Linie geraten außenpolitische Unternehmungen in der öffentlichen Wahrnehmung leicht zu Kreuzzügen oder zumindest zu dem Vorhaben, einen Drachen zu töten.

All diese mehr emotionalen als rationalen Vorstellungen der Außenpolitik fördern in der amerikanischen Öffentlichkeit das

Gefühl, dass das amerikanische Volk einer von Gott gewollten Politik folge. Präsident Bush jr. hat dieses Gefühl nach dem 11. September extrem bedient und instrumentalisiert. Selten zuvor war die Idee der amerikanischen *manifest destiny* von der politischen Führung der USA so sehr und dazu noch mit so intensiver national-religiöser Verwendung der amerikanischen Flagge auf eine Weise instrumentalisiert worden, die in Europa – vor dem europäischen Erfahrungshintergrund – schlicht nationalistisch genannt wird.

Die Eigentümlichkeiten der amerikanischen Außenpolitik und vor allem ihrer Präsentierung, Begründung und Rechtfertigung gegenüber der Öffentlichkeit können in den USA zu einer besonders geschlossenen, aber auch zu einer besonders labilen öffentlichen Unterstützung der amerikanischen Außenpolitik und gelegentlich auch zu einem schnellen Wechsel zwischen Zustimmung und Ablehnung führen. Diese Eigentümlichkeiten haben die europäisch-amerikanischen Beziehungen bis zum Ende des Kalten Krieges nicht wirklich berührt. Seither jedoch – und verstärkt seit jenem Tag im September 2001 – wurde ihr Einfluss immer deutlicher spürbar.

Schließlich sind aus europäischer Sicht noch zwei mit der Rolle der USA als Hypermacht verbundene spezifisch amerikanische Aspekte zu beachten. Die amerikanische Außenpolitik mag nach ihren Leitbildern und Traditionen und nach den internen Befindlichkeiten und externen Interessen der USA in konkreten Fällen so oder so formuliert sein und vermittelt werden. Sie dient aber traditionell und erklärtermaßen immer zwei Hauptzielen: erstens der ständigen Verbesserung wirtschaftlicher Positionen und weltweiter Handelsbeziehungen der USA und zweitens dem Erhalt des Status der ersten Waffenmacht der Welt (*second to none*). In letzterer Hinsicht brachte das Ende des Kalten Krieges eine wesentliche Veränderung: Nunmehr muss die Position als erste Weltmacht nicht mehr allein gegenüber der früheren zweiten Weltmacht Sowjetunion behauptet werden, sondern gegenüber der Welt und allen ihren Staaten insgesamt. Hieraus ergeben sich für die USA neue Herausforderungen, Versuchungen und Risiken. Für die Europäer ergibt sich die Wahrnehmung einer neuen amerikanischen Politik und die Notwendigkeit, sich auf sie einzustellen.

Ferner steht die Hypermacht ständig unter dem Druck, ihre Macht glaubwürdig zu halten. Dafür ist sie in gewisser Weise fast gezwungen, ihre Bereitschaft zur militärischen Gewaltanwendung unter Beweis zu stellen. Das rechtfertigt nichts, aber es erklärt die typisch amerikanische Politik der punktuellen Gewaltanwendung. Beispiele hierfür waren die konspirativ erreichten Umstürze 1953 im Iran, 1954 in Guatemala und 1973 in Chile und die offenen Invasionen 1965 in der Dominikanischen Republik, 1983 auf der Karibikinsel Grenada und 1989 in Panama, aber auch die früheren Bombardierungen von Tripolis und Bagdad. Alles was die USA nach dem 11. September 2001 militärisch unternahmen, reicht allerdings weit über diese Dimension hinaus.

Die NATO

Die Gründung und die gemeinsame, quasi symbiotische, europäisch-amerikanische Gestaltung der NATO über vier Jahrzehnte hinweg waren das Ergebnis eines transatlantischen Gleichklangs der Interessen, wie es ihn sonst nur noch im Zweiten Weltkrieg zwischen den USA und ihren Alliierten gegeben hatte. Die multilateral strukturierte NATO war für die USA allerdings keineswegs „verstrickend“, sondern von ihnen als Mittel für ihre Verteidigungs- und Machtpolitik gegenüber dem Ostblock mit dem Ziel gegründet worden, den Ostblock keinesfalls stärker als den Westblock bzw. die Sowjetunion keinesfalls stärker als die USA werden zu lassen. Die NATO wurde von den USA zwar unter Einbeziehung der europäischen NATO-Staaten und mit Rücksichtnahme auf sie, aber gleichwohl unilateral geführt.

Die USA waren die unumstrittene westliche Führungsmacht, denn gegenüber der Sowjetunion zählten allein ihre überragenden nuklearen Streitkräfte unter ausschließlich amerikanischer Kontrolle und Führung. Hinzu kamen ihre beträchtlichen konventionellen Streitkräfte im europäischen und transatlantischen NATO-Bereich. Die französische und britische Nuklearmacht hatten in der nuklearen so genannten *Balance des Schreckens* zwischen Ost und West kein Gewicht. Die in Artikel 5 des NATO-Vertrages festlegte Bündnispflicht aller NATO-Staaten war wachsweich. Ihr zufolge hatte jeder NATO-Staat im Konfliktfall lediglich „die Maßnahmen, die er für erforderlich erachtet" zu treffen. Die Umstände und die Interessenlagen des Kalten Krieges ließen die Festigkeit der NATO immer als stärker erscheinen, als sie tatsächlich war.

Aus amerikanischer Interessenlage war der europäische NATO-Bereich das Vorfeld, das den Feind auf Abstand hielt und ihm wegen seiner militärischen und wirtschaftlichen Bedeutung nicht überlassen werden durfte. Die in diesem Vorfeld lebenden Westeuropäer waren durch den so genannten nuklearen *Schutzschirm* der USA vor einem nuklearen Angriff geschützt. Dies allerdings nur in dem Maße, in dem dieser Schutz mit dem Schutz und den Interessen der USA übereinstimmte. Der amerikanische Präsident hätte seinen Amtseid verletzt, wenn er die amerikanischen Nuklearwaffen zu einem anderen Zweck als der unmittelbaren Verteidigung der USA eingesetzt hätte.

Die ursprüngliche NATO-Strategie war 1949 festgelegt worden, als der Westen noch das Nuklearmonopol hatte. Sie besagte, dass jedem Angriff sofort und massiv begegnet werden solle. Nach der Herstellung der nuklearen Balance bzw. dem Patt zwischen Ost und West und der Kubakrise (1962) wurde die NATO-Strategie auf amerikanische Initiative geändert. Nun sollte sie nur noch darauf zielen, den Angreifer zu einer Unterbrechung seines Angriffs zu zwingen (*to force a pause*). Im gemeinsamen transatlantischen Verteidigungsverbund wurde das europäische Risiko größer.

In den 80er Jahren wurden zudem amerikanische nukleare Mittelstreckenraketen in Deutschland stationiert. Mit ihnen konnten die USA Moskau mit mittlerer nuklearer Kapazität erreichen, die Sowjetunion hingegen die USA weiterhin nur mit interkontinentalen Raketen mit sehr großer nuklearer Kapazität. Zudem wäre mit ihrem Einsatz das Risiko eines allgemeinen nuklearen Holocausts verbunden gewesen. Infolgedessen zielte die Sowjetunion (nach der Logik der nuklearen Kriegsführung) für die Abwehr eines Angriffs der USA mit Mittelstreckenraketen aus Deutschland nicht auf die USA, sondern auf Deutschland. Durch die Stationierung der amerikanischen Raketen war die Sicherheit der USA auf Kosten der Sicherheit Europas verstärkt worden. Heute ist das alles Geschichte, aber aus europäischer Sicht wichtige und lehrreiche Geschichte. Bedeutend bleibt vor allem, dass mit dem Kalten Krieg auch der, trotz allem, einmalige transatlantische Gleichklang endete, der zwischen Europa und den USA bestanden hatte.

Die Hypermacht USA ist heute, was ihr Verhältnis zu anderen Staaten betrifft, in ihrer Bewegungsfreiheit durch keinen staatlichen Superfeind und schon gar nicht durch einen multilateralen Verteidigungsverbund eingeschränkt. Durch ihre geopolitisch insulare Position muss sie sich in ihrem weltweiten Umfeld nicht, wie im Kalten Krieg, gegenüber einem Superfeind, sondern gegenüber allen anderen Staaten behaupten. An die Stelle der sowjetischen Bedrohung ist der amerikanische Albtraum getreten, die USA könnten durch internationale Verpflichtungen und Bindungen (*entangling alliances*) so festgebunden werden, wie Gulliver im Lande der Liliputaner. Die USA beugen dem mit einer variationsreichen hegemonialen Rundum-Politik vor, die ebenso unilateral wie imperial ausgerichtet ist. Zu ihr gehören nicht zuletzt auch die besagten punktuellen militärischen Gewaltanwendungen. Ihr Ziel ist es, die Entwicklungen im weltweiten Umfeld der USA so zu steuern, dass für die USA keine wie auch immer gearteten Gefahren oder auch nur irgendwelche Nachteile entstehen.

Europa ist heute aus amerikanischer Sicht nicht mehr der unverzichtbare vordere Frontabschnitt eines amerikanisch dominierten Verteidigungsbereichs. Es ist für die USA eine unter mehreren Regionen in ihrem Umfeld und ein Brückenkopf gegenüber Russland, dem Nahen Osten und dem eurasischen Raum mit einer über noch weitere Entfernungen reichenden geostrategischen Bedeutung. Diese weltpolitisch gesehen eigentlich ganz natürliche sicherheitspolitische Neubewertung Europas durch die USA ließ sich gut an der amerikanischen Kriegführung gegen den Irak von 1991, gegen Jugoslawien (1999) und am Irak-Krieg von 2003 ablesen. Sie ist für Europa von kaum zu überschätzender Bedeutung. Doch scheint dies in Europa nicht richtig erkannt oder energisch verdrängt zu werden.

Die NATO war auf dieser Linie bekanntlich schon 1991 im Sinne der veränderten Interessenlage der USA auf amerikanische Initiative hin mit einem neuen strategischen Konzept versehen worden. Ihm zufolge soll sie – neben ihrem ursprünglichen und im Grunde nur noch rhetorisch fortgeführten Verteidigungsauftrag – außerhalb des NATO-Gebiets *(out of area)* weltpolitisch agieren. Sie soll neuen Gefahren begegnen, „einschließlich“, so das Konzept, „der Verbreitung von Massenvernichtungswaffen, der Unterbrechung der Zufuhr lebenswichtiger Ressourcen sowie von Terror und Sabotageakten“. Doch blieb diese Strategie lange Jahre nur Theorie. Erst mit dem von der NATO 1999 gegen Jugoslawien geführten Krieg wurde sie erstmalig verwirklicht. Gleichzeitig hatte die Hypermacht USA in drastischer Weise punktuell Macht ausgeübt. Anschließend wurde die Neuorientierung der NATO im April 1999 zum 50. Jahrestag ihrer Gründung durch eine Gipfelkonferenz in Washington bekräftigt und etwas ausgebaut.

Auch diese neue NATO kann, wie die alte NATO, nur agieren bzw. intervenieren, wenn sich die USA führend beteiligen. Und sehr viel mehr noch als im Kalten Krieg hängt diese Beteiligung entscheidend von der jeweiligen Interessenlage der USA ab. Mit der NATO kann die amerikanische Politik aber auch dann wirkungsvoll abgestützt werden, wenn nicht alle ihrer Mitgliedstaaten oder wenn die USA sogar allein agieren. Denn mit der NATO sind, mit Ausnahme Japans, alle führenden Industrienationen als Alliierte der USA mehr oder weniger zwingend in die amerikanische Außen- und Sicherheitspolitik eingebunden. Sie sind in ihrer außenpolitischen Bewegungsfreiheit durch ihre auf die USA ausgerichtete NATO-Loyalität eingeschränkt.

Umgekehrt bietet das atlantische Bündnis allen seinen Mitgliedstaaten die beste Möglichkeit, die von ihnen gewünschten guten Beziehungen zur Hypermacht USA zu pflegen. Für die europäischen und insbesondere für die neuen und künftigen europäischen NATO-Mitglieder mag die Mitgliedschaft in der Allianz diesen und vielleicht noch weitere politische Vorteile haben. Der militärische Wert für die eigene Sicherheit ist allerdings noch fraglicher als das schon in den Zeiten des Kalten Krieges der Fall war. Der Beistands-Artikel 5 des NATO-Vertrages, der im Kalten Krieg durch dessen Umstände einigermaßen gehärtet gewesen sein mag, gilt heute nur noch nach seinem präzisen Wortlaut. Die NATO hat sich als Verteidigungsallianz zu einer Allianz der totalen Beliebigkeit aufgelockert.

Die Zukunft der NATO ist von den Interessen der USA abhängig. Die Erweiterung der NATO in das größere Europa hinein vollzog sich ohne ein transatlantisches oder gar europäisches Konzept. Sie diente lediglich dem amerikanischen Interesse, die osteuropäischen Staaten in die amerikanische Interessensphäre einzubeziehen und die NATO nach Osten auszuweiten. Ferner spaltet die NATO die EU sicherheitspolitisch, nach der bevorstehenden Erweiterung der EU noch mehr als jetzt schon. Die NATO ist ein Hindernis auf dem Wege zur Einigung Europas.

Die Europäer haben somit zur Kenntnis zu nehmen: Die USA haben seit dem Ende des Kalten Krieges ihre Außen- und Sicherheitspolitik zügig und entschlossen gemäß den neuen weltpolitischen Verhältnissen und der Wahrung amerikanischer Interessen umgestellt. Zudem haben sie die NATO von einem Bündnis für gemeinsame Verteidigung zu einer großen und locker verbundenen Staatengruppe umgewidmet. Sie soll ihnen im Bedarfsfall für ihre weltpolitischen Zwecke ganz oder teilweise zur Verfügung stehen. Eine auch nur in etwa vergleichbare und nicht für die USA, sondern für Europa sinnvolle Umstellung der Außen- und Sicherheitspolitik der EU hat bisher nicht stattgefunden.

Der 11. September 2001

Am 11. September wurden die USA – ausgerechnet in dem Moment, in dem überlegt wurde, wie ihre militärische Unangreifbarkeit mit einem Raketenabwehrsystem verbessert werden könne – auf ihrem eigenen Grund und Boden angegriffen. Das war der erste Angriff in den USA seit dem britisch-amerikanischen Krieg von 1812–14. Er kam aus einer bis dahin ignorierten dunklen Tiefe der Weltpolitik. Die anschließenden Entwicklungen bis Ende 2003 sind öffentlich so vielfältig referiert und kommentiert worden, dass sie hier nicht nochmals nachgezeichnet zu werden brauchen. Im hiesigen Zusammenhang sind lediglich zwei Ergebnisse festzuhalten. Der bisherige *transatlantische Verbund* wurde *zerstört.* Ein *neuer* und *exzessiver amerikanischer Unilateralismus* wurde *initiiert.*

Im transatlantischen Verbund hatte zwar unmittelbar nach diesem Überfall die NATO erstmalig in ihrer 52-jährigen Geschichte den Bündnisfall und mit ihm die Bündnisverpflichtungen ihrer Mitgliedstaaten gegenüber den USA gemäß

Artikel 5 des NATO-Vertrages festgestellt, doch blieb sie als Allianz auf amerikanisches Betreiben inaktiv und bedeutungslos. Der NATO-Vertrag und die seit 1991 gültige und 1999 feierlich bekräftigte NATO-Doktrin waren im erstmaligen Ernstfall für die NATO-Führungsmacht USA, die den NATO-Vertrag und diese Doktrin erfunden und durchgesetzt hatte, kein Thema. Die USA lehnten die Zusammenarbeit mit der Allianz ab, denn sie hielten, wie später bekannt wurde, das Hilfsangebot der Alliierten für eine List der Europäer, um die USA in eine Zusammenarbeit mit ihnen einzubinden. Folglich ließen sie ihre europäischen Verbündeten unmissverständlich wissen, dass dieser Krieg ein rein amerikanisch geführter Krieg sei und von den USA so lange auf ihre Weise geführt werde, wie sie dies für richtig hielten. Er werde nach der Regel geführt, dass die Aufgabe die Allianzen, nicht die (NATO-)Allianz die Aufgaben bestimme.

2003 hatten die USA den NATO-Staat Türkei als Aufmarschgebiet für ihren völkerrechtswidrigen Krieg gegen den Irak vorgesehen. Ihr Versuch NATO-Staaten dafür zu gewinnen, dass sie das Aufmarschgebiet Türkei gegen irakische Gegenangriffe schützten, scheiterte. Worauf die USA diese Verweigerung als Verletzung der NATO-Bündnispflichten bezeichneten. Wenig später teilten sie bei dem Eklat über den Irak-Krieg die NATO-Mitgliedstaaten in *Willige* und *Unwillige* auf. Die enthüllende Wortwahl zeigte, was die USA nach dem Ende des Ost-West-Konflikts und der Zwänge des Kalten Krieges aus ihrer imperialen Sicht von der transatlantischen Allianz und ihren Mitgliedstaaten hielten. Die NATO hat aus amerikanischer Sicht offenbar nur noch die Funktion eines Werkzeugkastens, aus dem sich die Hypermacht nach Bedarf bedienen kann.

Der Schwenk, den die USA mit ihrem Krieg gegen den Irak zu ihrem *neuen* und *exzessiven Unilateralismus* vollzogen, fiel nicht minder deutlich aus. Ursprünglich schien es so, als ob der neue Unilateralismus aus dem Krieg gegen den Irak entstanden sei. Inzwischen wird jedoch immer deutlicher, dass der Krieg gegen den Irak ein erstes Ergebnis des neuen Unilateralismus ist. Im Herbst 2000, etwa zwei Monate vor der Wahl von George W. Bush jr. zum Präsidenten, hatten Mitglieder seiner künftigen Regierungsmannschaft, unter ihnen Dick Cheney, Donald Rumsfeld und Paul Wolfowitz, eine Studie „Grundlegendes zur Aufrechterhaltung der weltweiten US-Vorherrschaft" erarbeitet. In ihr wird dargelegt, dass die Lösung des Problems der Vorherrschaft in der Golfregion zu finden sei. Der Irak sei jedoch nicht das eigentliche und unmittelbare Problem. Denn „der ungelöste Konflikt mit dem Irak liefert zwar die unmittelbare Rechtfertigung, aber die Notwendigkeit für eine massive Präsenz von US-Streitkräften am Golf ist ein Thema, das weiterreichend ist als das Problem des Saddam-Hussein-Regimes".

Von da an nahm das Thema seinen Lauf. Es gibt inzwischen keine Zweifel mehr, dass die politischen und militärischen Planungen und Vorbereitungen für den Irak-Krieg schon lange vor dem 11. September begonnen haben. Zu ihnen gehörte die von den USA mit britischer Unterstützung in die Welt gesetzte und mit vielen Details ausgeschmückte Behauptung, der Irak besitze Massenvernichtungswaffen, die er innerhalb von 45 Minuten einsetzen könne. Mit ihr täuschte die amerikanische Regierung ihre Verbündeten, den UNO-Sicherheitsrat und ihr eigenes Volk. Die grundsätzlichen Schritte zum neuen amerikanischen Unilateralismus tat Bush selbst. Im Januar 2002 kündigte er in seiner Botschaft zum Stand der Nation eine neue Strategie an. Im Juni machte er bei einem Vortrag in der Militärakademie West Point die Grundgedanken bekannt. Am 17. September 2002 dekretierte er die sorgfältig ausgearbeitete und 30 Seiten umfassende neue *Nationale Sicherheitsstrategie der USA*. Ihre beiden im hiesigen Zusammenhang wichtigsten Punkte sind:

– Die USA werden künftig gegen ihre Feinde nicht nur mit Waffengewalt vorgehen, um sich gegen einen Angriff zu verteidigen oder um einem unmittelbar bevorstehenden Angriff mit einem Gegenschlag (*preventive strike*) zuvorzukommen. Sie werden gegen ihre Feinde auch auf Verdacht hin mit einer vorbeugenden militärischen Aktion (*pre-emptive strike*) vorgehen.

– Die USA werden solche Schritte, sofern sie dies für erforderlich halten, auch ohne Rücksichtnahme auf ihre Alliierten und ihre völkerrechtlichen und sonstigen internationalen Verpflichtungen unternehmen.

Parallel zu dieser Entwicklung wurden die Forderungen Bushs nach einem Krieg gegen den Irak immer dringlicher. Der weitere Verlauf ist bekannt. Zu den immer geleugneten wahren Kriegsgründen gehört mit Sicherheit an einem vorderen Platz der Wunsch nach amerikanischer Kontrolle der Erdölvorkommen. Denn es gilt bekanntlich als gesichert, dass die bisher bekannten Vorkommen bei gleich bleibendem Weltverbrauch schätzungsweise nur noch gut 40 Jahren reichen. Da der militärische Teil der amerikanischen Vorherrschaft in der Welt vom Treibstoff Öl abhängt, ist also aus realistischer Sicht der USA für die Herstellung der amerikanischen Kontrolle über diesen Stoff keine Zeit zu verlieren. Ein weiterer Schritt in diese Richtung war die Nutzung des Krieges in Afghanistan, um im ölreichen Kaspischen Becken eine permanente militärische Präsenz der USA zu etablieren.

Die europäisch-amerikanischen Beziehungen waren auch in ihren besten Zeiten nie einfach. Daher gab es immer wieder Versuche, sie auf eine langfristig tragfähige Grundlage zu stellen. Den Ersten von ihnen hatte 1962 Präsident John F. Kennedy unternommen. Er hatte die Vorstellung von *zwei Säulen* entwickelt, die die transatlantische *Brücke* tragen sollten. Im Laufe der Jahrzehnte folgten weitere Vorschläge mit schönen Titeln wie *Neuer Atlantizismus*, *Neue Transatlantische Agenda* und manchem mehr. Aber es kam nie zu einer gesamtpolitischen Gemeinsamkeit bzw. Zusammenarbeit, die auch nur annähernd so eng gewesen wäre, wie die militärtechnische Zusammenarbeit in der NATO in ihren besten Zeiten gewesen war.

Hierfür sind offensichtlich die Ausgangspunkte, Interessen und Gebräuche diesseits und jenseits des Atlantiks zu unterschiedlich. Die große Entfernung zwischen dem östlichen und westlichen Ufer des Atlantiks scheint eben doch mehr zu sein als nur eine Entfernung, die sich mit modernen Kommunikationsmitteln leicht überwinden lässt. Jedenfalls konnte die Formel noch nicht gefunden werden, nach der die beiden Kontinente zu einer festen und dauerhaften Gemeinsamkeit finden könnten. Sie sind wohl beide historisch und kulturell zu unterschiedlich verwurzelt, politisch zu unterschiedlich verfasst und als Staatengruppe bzw. Hypermacht voneinander zu verschieden und dann noch voneinander zu weit entfernt.

Daher wird es wohl bis auf weiteres bei dem bisherigen hegemonialen Verhältnis zwischen Europa und dem Hegemon USA bleiben. Der Hegemon wird so wie bisher und allen Festreden zum Trotz auch künftig alles daran setzen, dass Europa keine einheitliche europäische Macht wird, die ihm Konkurrent werden könnte. Das sollte für Europa kein wirkliches Problem sein. Ein Problem ist gegenwärtig vielmehr, dass Europa diese reale Lage offenbar nicht wahrhaben will. Hinzu kommt, dass der Hegemon, der bisher zwar immer hegemonial aber auch verständig und sanft war, gegenwärtig zu einem wilden, gelegentlich sogar fast zu einem rabiaten Hegemon geworden ist. Doch scheint dies eher politisch-saisonal bedingt zu sein.

Die Perspektiven

Die EU muss bei ihrem Handeln in der Weltpolitik von drei Voraussetzungen ausgehen: von ihrem eigenen Unvermögen als quasi einheitliche Großmacht mit Waffengewalt zu agieren sowie von den neuen weltpolitischen Herausforderungen und den unverändert bedeutsamen Verbindungen zwischen Europa und den USA.

Die EU-Staaten sollten daher darauf verzichten es mit ihrer GASP/ESVP den USA machtpolitisch gleich tun zu wollen. Vielmehr sollten sie darauf hinarbeiten mit den ihnen zur Verfügung stehenden Mitteln in der Welt – bzw. im weltweiten Umfeld der USA – einen besseren internationalen Zustand zu erreichen. Sie sollten dafür die UNO und insgesamt den internationalen Multilateralismus konsequent und gegebenenfalls auch in Gegenposition zu den USA stärken. Sie sollten damit versuchen in den weltpolitischen Entwicklungen so zu agieren, dass ein aktives Zusammenwirken der Staaten der Welt in Richtung einer stabilen Friedensordnung gefördert wird. Die Chancen stehen nicht schlecht.

Der eigenmächtige Krieg der USA gegen den Irak erforderte eine gewaltige und nicht beliebig wiederholbare militärische Anstrengung. Man denke allein an den langen und umfangreichen Aufmarsch gegenüber dem miserabel ausgerüsteten und motivierten Gegner. Der politische Ertrag des Krieges ist bisher begrenzt und noch nicht gesichert. Die USA haben für ihn zwar Gefolgschaft gewinnen können, aber sein Ergebnis lässt sie – von einigen schnellen Gewinnmitnahmen der Gefolgsleute einmal abgesehen – ziemlich allein.

Die Grenzen der unilateralen militärischen Machtpolitik der USA werden erkennbar: intern durch die Grenzen der Belastbarkeit von Staat und Bürgern, extern durch die Mutipolarität der Weltpolitik (Russland, China, Indien/Pakistan usw.) und durch die Art der Probleme (Nordkorea, Iran usw.). Die derzeitige neokonservative Überdrehung des amerikanischen Unilateralismus wird sich voraussichtlich nicht auf Dauer fortführen lassen. Die derzeitige amerikanische Außenpolitik kann zu Chaos führen, ist aber nur in einer einigermaßen geregelten Weltordnung möglich. Beispielsweise setzt der von den USA benötigte Kapitalzufluss von täglich 1,5 Milliarden Dollar eine einigermaßen geregelte Welt voraus.

Der gegenwärtig alle Diskussionen über internationale Politik beherrschende *Terrorismus* ist nur eine und keineswegs die größte weltpolitische Herausforderung unserer Zeit. Bush erläuterte seine allein auf ihn ausgerichtete neue Strategie vom September 2002 anachronistisch mit der Aufforderung an andere Staaten, dass „wir großen Mächte uns heute auf derselben Seite befinden – vereint durch die Gefahr von terroristischer Gewalt und Chaos". So argumentierte auch 1815 der Wiener Kongress gegen die damaligen Terroristen, die Bürger, die gegen die Fürstenherrschaft kämpften. Nicht nur die Schweiz und andere Staaten, auch die USA entstanden im Verständnis ihrer Zeit zunächst durch Terrorismus.

Der gegenwärtige Terrorismus ist nur hinsichtlich der Anwendung von Gewalt einheitlich. Ansonsten liegen ihm zwischen Bogota und Tokyo, New York und Riad, Moskau und Bagdad eine Vielzahl unterschiedlicher gesellschaftlicher Probleme zugrunde, für deren Lösung Flugzeugträger, Tarnkappenbomber und Uranmunition unzureichende Mittel sind. Multilateralismus und internationale Kooperation sind keine Allheilmittel, aber für die Lösung der heutigen internationalen Probleme bessere Mittel als Kriegführung.

Die EU ist mit ihnen vertraut und erfolgreich (Balkan, Afghanistan, Iran usw.). Sie kann mit ihnen weltpolitisch wirken und dabei vielleicht auch die eine oder andere Extremität des amerikanischen Unilateralismus abmildern. Anders als das bisherige machtpolitische Herumexperimentieren der EU kann diese Politik die USA kaum provozieren. Sie kann sogar ein transatlantisches Verständnis und Einvernehmen herstellen, mit dem allein auf dem Trümmerfeld des Irak-Krieges begonnen werden kann, ein neues europäisch-amerikanisches Vertrauensverhältnis aufzubauen. Und ganz nebenbei können die EU-Staaten auf diesem Wege auch den Wunsch von zwei Dritteln der Europäer (der 15-EU) erfüllen, mit einer Stimme und auf gleicher Augenhöhe mit den USA zu sprechen.

Es scheint, dass die EU sich bereits auf dem richtigen Weg

befindet. Ihre im Dezember 2003 beschlossene neue Strategie beruht jedenfalls auf einer klaren und realistischen Analyse der sicherheitspolitischen Probleme sowie der realen Möglichkeiten, die für eine Sicherheitspolitik der EU bestehen. Als Schlussfolgerung wurde eine Strategie beschlossen, die mit ihren Schwerpunkten der vorbeugenden Sicherheitspolitik, des Multilateralismus, der Betonung der Rolle der UNO und einigem mehr ein richtiger Schritt europäischer Weltpolitik in die richtige Richtung ist.

V. Die Einigung, die Europa braucht

Europa beginnt neu mit neuer Größe, neuen Chancen, neuen Problemen und vielen neuen EU-Europäern. Damit stellte sich hier auch die Frage neu, wie viel bzw. welche Einigung Europa eigentlich braucht. Sie ließ sich nicht mehr auf die Fachfrage von Eurotechnikern verkürzen, ob Europa weniger oder mehr Einigung durch überstaatliche Integration oder durch zwischenstaatliche Kooperation brauche. Auch die Alternative Einigung oder Subsidiarität und einige weitere Vereinfachungen konnten nicht greifen. Das Thema ist, wie sich gezeigt hat, von eigener Art. Die Schlussfolgerungen aus den hier skizzierten Betrachtungen lassen sich in vier Punkten zusammenfassen.

Erstens kann wie von allen Anfängen her so auch künftig das Ziel für die Einigung Europas und die gemeinsame Politik der Europäer auch über Europa hinaus nur sein: Gewährleistung von Frieden, Sicherheit und Wohlstand.

Zweitens kann es keine gleichermaßen einfache und einheitliche Einigungspolitik geben und schon gar nicht eine, die immer nur auf Vereinheitlichung zielt. Vielmehr müssen die Formen und die Intensität der europäischen Einigungspolitik auf jedem ihrer vielen Gebiete – von der Marktpolitik bis zur Sozialpolitik, von der Verkehrspolitik bis zur Außen- und Sicherheitspolitik usw. – immer den auf diesen Gebieten bestehenden Umständen angepasst sein.

Drittens müssen bei allen politischen Entscheidungen und Maßnahmen immer die für alle Politik in und für Europa vorgegebenen kulturellen, gesellschaftlichen und geografischen Grenzen beachtet und respektiert werden.

Viertens muss der immer noch viel zu große Abstand zwischen dem europäischen politischen Geschehen und den Bürgern Europas, denen allein die europäische Politik zu dienen hat, immer mehr verringert werden.

VI. Anhang

A T L A N T I S C H E R O Z E A N
N O R D S E E
N O R G
SKAGERRAK
D A N M A
SCOTLAND
U N I T E D
K I N G D O M
NORTHERN IRELAND
ULSTER
CONNAUGHT
IRELAND
ÉIRE
LEINSTER
MUNSTER
NORTH EAST
NORTH WEST
YORKSHIRE AND THE HUMBER
EAST MIDLANDS
WEST MIDLANDS
WALES
ENGLAND
EAST OF ENGLAND
LONDON
SOUTH-WEST
SOUTH-EAST
KELTISCHE SEE
DER KANAL
NEDERLAND
SCHLESWIG-HOLSTEIN
NIEDERSACHSEN
NORDRHEIN-WESTFALEN
BELGIË
BELGIQUE
WALLONIE
LUXEMBOURG
HESSEN
D E U T S C H L A N
THÜRINGEN
PFALZ
BAYERN
BADEN-
WÜRTTEMBERG
PICARDIE
HAUTE-NORMANDIE
BASSE-NORMANDIE
BRETAGNE
LORRAINE
CHAMPAGNE-ARDENNE
ALSACE
PAYS DE LA LOIRE
CENTRE
BOURGOGNE
FRANCHE-COMTÉ
F R A N C E
GOLF VON BISCAYA
POITOU-CHARENTES
LIMOUSIN
AUVERGNE
RHÔNE-ALPES
AQUITAINE
MIDI-PYRÉNÉES
LANGUEDOC-ROUSSILLON
PROVENCE-ALPES-CÔTE D'AZUR
GOLF VON LION
SCHWEIZ
SUISSE
SVIZZERA
TIROL
TRENTINO-SÜDTIROL
LOMBARDIA
VENETO
PIEMONTE
LIGURIA
EMILIA-ROMAGNA
TOSCANA
I T A L
LAZIO
CORSE
SARDEGNA
TYRRHENIS
MEER
GALICIA
PRINCIPADO DE ASTURIAS
CANTABRIA
CASTILLA Y LEÓN
NORTE
CENTRO
PORTUGAL
LISBOA E VALE DO TEJO
ALENTEJO
ALGARVE
E S P A Ñ A
EXTREMADURA
CASTILLA-LA MANCHA
COMUNIDAD VALENCIANA
ANDALUCÍA
REGIÓN DE MURCIA
ARAGÓN
CATALUÑA
ISLAS BALEARES
M I T T E L
MAROKKO
EL MAGHREB
ALGERIEN
EL DJAZÂIR
TUNESIEN
TOUNIS

S U O M I
F I N L A N D
S V E R I G E
RUSSIJA
EESTI
LATVIJA
LIETUVA
RUSSIJA
B E L A R U S'
P O L S K A
U K R A Ï N A
SLOVENSKO
MOLDOVA
MAGYARORSZÁG
R O M Â N I A
HRVATSKA
BOSNA I HERCEGOVINA
SRBIJA I CRNA GORA
BĂLGARIJA
SHQIPËRIA
ΕΛΛΑΔΑ-ELLADA
SCHWARZES MEER
ADRIATISCHES MEER
IONISCHES MEER
ÄGÄISCHES MEER
ΚΥΠΡΟΣ
KYPROS
KIBRIS

Die Europäische Union

Europäische Gemeinschaften (EG)	Gemeinsame Außen- und Sicherheitspolitik (GASP)	Innen- und Rechtspolitik (JIZ)
Ziele: • Errichtung eines Gemeinsamen Marktes • Errichtung einer Wirtschafts- und Währungsunion • Hohes Beschäftigungsniveau • Hohes Maß sozialen Schutzes	**Ziele:** • Stärkung der Sicherheit • Wahrung des Friedens • Förderung der internationalen Zusammenarbeit • Entwicklung und Stärkung von Demokratie und Menschenrechten	**Bereiche von gemeinsamem Interesse:** • Asylpolitik • Kontrolle der Außengrenzen • Einwanderungspolitik • Bekämpfung des Terrorismus, des Drogenhandels und sonstiger Formen internationaler Kriminalität
Maßnahmen: • Abschaffung der Zölle • Schaffung eines Binnenmarktes • Gemeinsame Politiken: - Agrarpolitik - Handelspolitik - Verkehrspolitik - Wettbewerbspolitik • Gemeinsame Wirtschafts- und Währungspolitik	**Maßnahmen:** • Entwicklung gemeinsamer Standpunkte • Abgestimmtes Verhalten im internationalen Rahmen • Gemeinsame Aktionen • Festlegung einer gemeinsamen Verteidigungspolitik, "die zu gegebener Zeit zu einer gemeinsamen Verteidigung führen könnte"	**Maßnahmen:** • Koordinierung der Zusammenarbeit zwischen den Mitgliedstaaten • Gemeinsame Standpunkte bei internationalen Konferenzen • Einheitliche Visapolitik

Abbildung 1 © Michael Piazolo

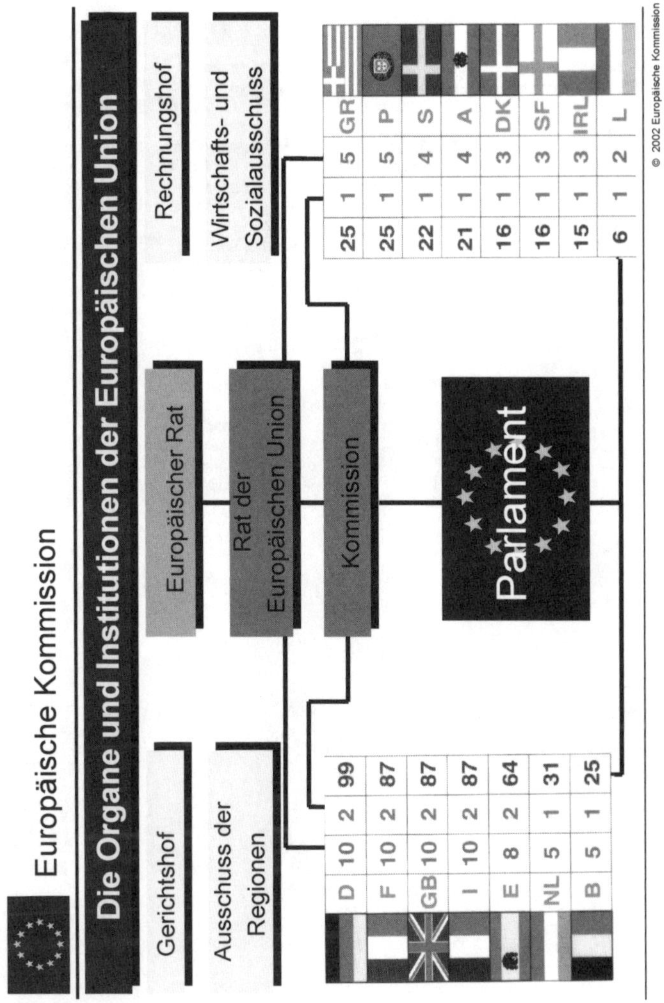
Europäische Kommission
Die Organe und Institutionen der Europäischen Union
Gerichtshof
Rechnungshof
Ausschuss der Regionen
Wirtschafts- und Sozialausschuss
Europäischer Rat
Rat der Europäischen Union
Kommission
Parlament
D 10 2 99
F 10 2 87
GB 10 2 87
I 10 2 87
E 8 2 64
NL 5 1 31
B 5 1 25
GR 5 1 25
P 5 1 25
S 4 1 22
A 4 1 21
DK 3 1 16
SF 3 1 16
IRL 3 1 15
L 2 1 6
© 2002 Europäische Kommission

Abbildung 2

Initiativrechte	Exekutivrechte	Kontrollrechte	Legislativrechte
Im Bereich EG: • Initiativmonopol: Rat und Parlament können Kommission aber zum Tätigwerden auffordern (Art. 189 -189 c EGV) • Erarbeitung von sog. Grünbüchern, Weißbüchern und Aktionsprogrammen **Im Bereich GASP und JIZ:** • Mitspracherecht • Initiativrecht nur gemeinsam mit Rat	**Verwaltung:** • Erlassen von Rechtsakten • Verwaltung der Fonds und der Forschungs- und Entwicklungsprogramme **Haushalt:** • Aufstellen des Vorentwurfs • Mitwirkung bei Beratungen • Verwaltung der Finanzmittel **Außenvertretung:** • Verhandlungen mit Nicht-EU-Ländern • Vertretung in Internationalen Organisationen	**„Hüterin der Verträge“:** • Einleitung von Vertragsverletzungsverfahren (Art. 169 EGV) • Wettbewerbs- und Fusionskontrolle • Überwachung staatlicher Beihilfen • Kontrolle der EG-Subventionen • Überwachung der Haushaltslage in den Mitgliedstaaten • Kommission als Vorinstanz der Judikative	**Bereich EG:** • Rat kann Befugnisse in bestimmten Bereichen einräumen (z.B. Agrar-, Handels-, oder Wettbewerbspolitik (Art.155 EGV) **Bereich EGKS und EURATOM** • Unmittelbare Rechtsetzungskompetenz

Abbildung 3

Europäische Kommission

Zusammensetzung

⇨ **bisher:** 20 Kommissare, **wobei die** großen Länder **Deutschland, Frankreich, Großbritannien, Spanien und Italien** zwei Kommissare **stellen.**

⇨ **künftig:**

1.: ab 2005:
„Ein Land, ein Kommissar."
(höchstens aber 27 Kommissionsmitglieder)

2.: Gemäß 2. Verfassungsentwurf des Konvents ab 2009:

⇨ Kommissionspräsident

⇨ „Außenminister"

⇨ 13 weitere Kommissare mit Stimmrecht

⇨ Kommissare ohne Stimmrecht und Ressort **aus den Mitgliedstaaten,** die keinen stimmberechtigen Kommissar **stellen.**

Abbildung 4

Europäische Kommission

Nizza-Gipfel: Stimmenverteilung im Rat der EU

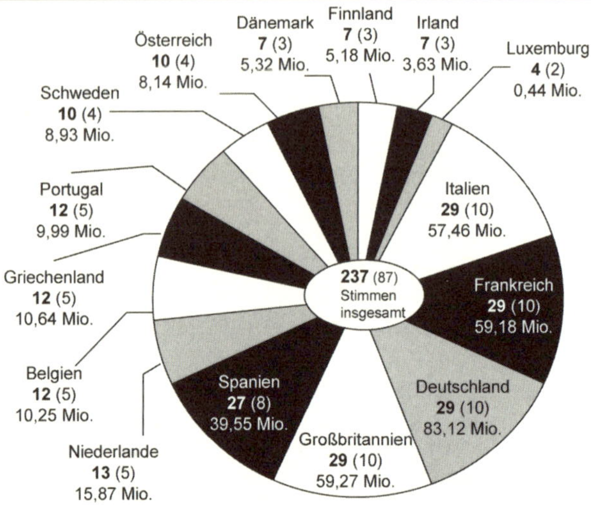

Stimmenanteil der 12 EU-Beitrittskandidaten

27	Polen	38,62 Mio.
14	Rumänien	22,81 Mio.
12	Tschechien	10,30 Mio.
12	Ungarn	10,38 Mio.
10	Bulgarien	8,47 Mio.
7	Litauen	3,68 Mio.
7	Slowakei	5,40 Mio.
4	Lettland	2,67 Mio.
4	Slowenien	1,97 Mio.
4	Estland	1,57 Mio.
4	Zypern	0,60 Mio.
3	Malta	0,38 Mio.

Neue Gewichte - wie die EU künftig regiert werden soll

- Auf **35** von 70 Sachgebieten, die bisher nur einstimmig geregelt werden konnten, kann der Rat mit qualifizierter **Mehrheit** entscheiden

Wann kommt bei **27 Mitgliedstaaten** im Rat ein Beschluss mit **qualifizierter Mehrheit** zustande?

1. **258 von 345** Stimmen
2. **Mehrheit der Mitgliedstaaten**
3. Diese repräsentieren 62% **der Bevölkerung.**

Abbildung 5

Politische Rechte	Kontrollrechte	Haushaltsrechte	Legislativrechte	Beratungsrechte
Beteiligung an der GASP Entschließungen und Debatten zu Europa-Themen (z.B. Grundrechte und Europa der Bürger) Petitionsrechte (Antworten auf Petitionen, Kontakte mit den Petitionsausschüssen der nationalen Parlamente)	Untätigkeitsklage gegen Rat und Kommission Mißtrauensantrag gegen Kommission Mündliche und schriftliche Anfragen an Rat und Kommission Debatten über Arbeitsprogramme und Erklärungen von Rat und Kommission	Beteiligung an der Aufstellung, Beratung und Verabschiedung des EU-Etats mit Recht der globalen Ablehnung des Haushaltes	Konzertierungsverfahren mit Rat und Kommission bei etatrelevanten Vorschlägen Mitwirkung an der Gesetzgebung im Rahmen des Zusammenarbeits-verfahrens Mitentscheidung bei Assoziierungen und Beitritten im Rahmen des Zustimmungsverfahrens	Mitwirkung an der Gesetzgebung im Rahmen des Anhörungsverfahrens

Abbildung 6 © Michael Piazolo

DIE FRAKTIONEN DES EUROPÄISCHEN PARLAMENTS

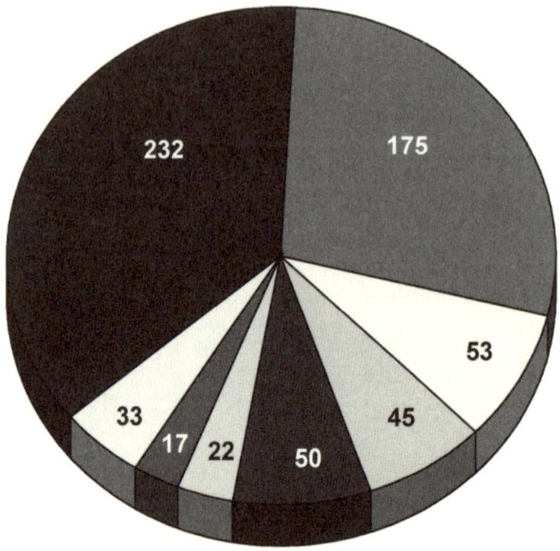

- ■ PPE-ED - Fraktion der Europäischen Volkspartei (Christdemokraten) und der Europäischen Demokraten
- ■ PSE - Fraktion der Sozialdemokratischen Partei Europas
- □ ELDR - Fraktion der Liberalen und Demokratischen Partei Europas
- □ Verts/ALE - Fraktion der Grünen / Freie Europäische Allianz
- ■ GUE/NGL - Konföderale Fraktion der Vereinigten Europäischen Linken / Nordische Grüne Linke
- □ UEN - Fraktion Union für das Europa der Nationen
- ■ EDD - Fraktion für das Europa der Demokratien und der Unterschiede
- □ NI - Fraktionslose

Abbildung 7

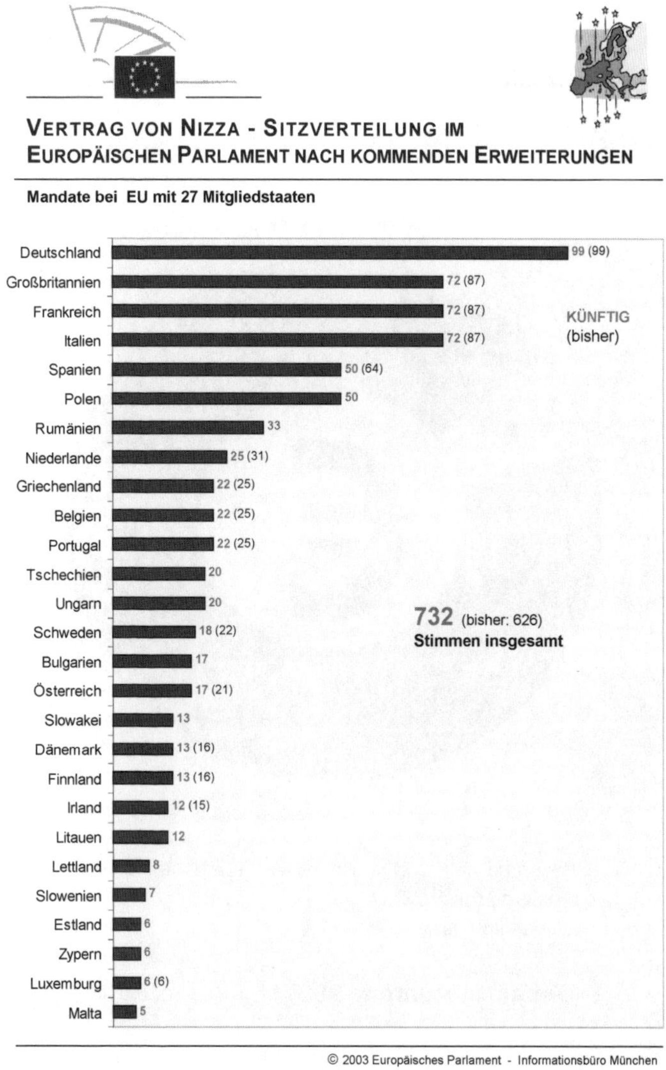
VERTRAG VON NIZZA - SITZVERTEILUNG IM EUROPÄISCHEN PARLAMENT NACH KOMMENDEN ERWEITERUNGEN
Mandate bei EU mit 27 Mitgliedstaaten
Deutschland 99 (99)
Großbritannien 72 (87)
Frankreich 72 (87)
Italien 72 (87)
Spanien 50 (64)
Polen 50
Rumänien 33
Niederlande 25 (31)
Griechenland 22 (25)
Belgien 22 (25)
Portugal 22 (25)
Tschechien 20
Ungarn 20
Schweden 18 (22)
Bulgarien 17
Österreich 17 (21)
Slowakei 13
Dänemark 13 (16)
Finnland 13 (16)
Irland 12 (15)
Litauen 12
Lettland 8
Slowenien 7
Estland 6
Zypern 6
Luxemburg 6 (6)
Malta 5
KÜNFTIG
(bisher)
732 (bisher: 626)
Stimmen insgesamt
© 2003 Europäisches Parlament - Informationsbüro München

Abbildung 8

EU-HAUSHALT 2003 (VERPFLICHTUNGSERMÄCHTIGUNG)

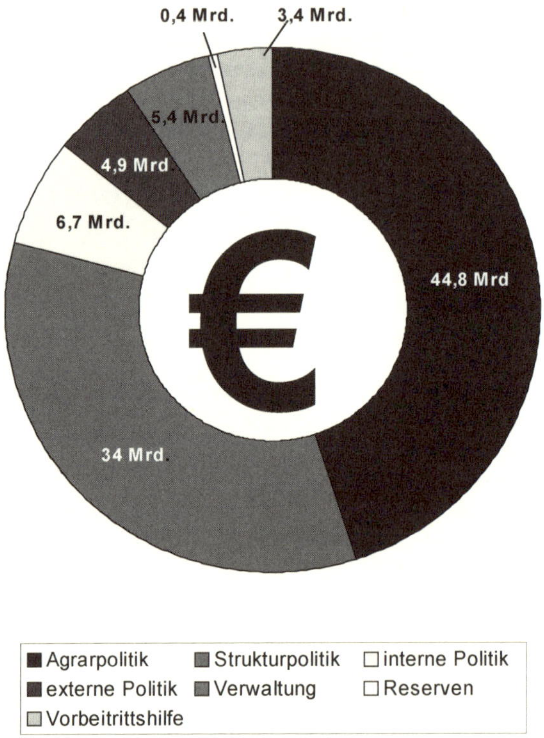

Gesamtvolumen: 99,7 Milliarden Euro

Abbildung 9

Europäische Kommission

Die vier Grundfreiheiten des Binnenmarktes

Freier Personenverkehr

- Wegfall von Grenzkontrollen
- Harmonisierung der Gesetze
- Niederlassungs- und Beschäftigungsfreiheit (Anerkennung der Diplome)
- Verstärkte Außenkontrollen

Freier Dienstleistungsverkehr

- Liberalisierung der Finanzdienste
- Harmonisierung der Banken- und Versicherungsaufsicht
- Öffnung der Transport- und Telekommunikationsmärkte

Freier Warenverkehr

- Wegfall von Grenzkontrollen
- Harmonisierung und gegenseitige Anerkennung von Normen und Vorschriften
- Steuerharmonisierung

Freier Kapitalverkehr

- Mehr Freizügigkeit für Geld- und Kapitalbewegungen
- Schritte zu einem gem. Markt für Finanzleistungen
- Liberalisierung des Wertpapierverkehrs

Abbildung 10

Statistische Angaben

Fläche und Bevölkerung der Länder der Erde

Land	**Hauptstadt Verwaltungssitz**	**Fläche[1)] km²**	**Bevölkerung 2003[2)] in 1000**
Belgien	Brüssel	30 518	10 318
Bulgarien	Sofia	110 994	7 897
Dänemark	Kopenhagen	43 094	5 364
Deutschland	Berlin	357 023	82 476
Estland	Tallinn	43 432	1 323
Finnland	Helsinki	304530	5207
Frankreich	Paris	543965	60144
Griechenland	Athen	131626	10976
Großbritannien	London	243820	59251
Irland	Dublin	70273	3956
Italien	Rom	301316	57423
Lettland	Riag	64589	2307
Litauen	Wilna	65300	3444
Luxemburg	Luxembourg	2586	453
Malta	Valletta	316	394
Niederlande	Amsterdam/Den Haag	33882	16149
Österreich	Wien	83859	8116
Polen	Warschau	312685	38587
Portugal	Lissabon	91906	10062
Rumänien	Bukarest	238391	22334
Schweden	Stockholm	410934	8876
Slowakei	Preßburg	49035	5402
Slowenien	Laibach	20273	1984
Spanien	Madrid	504790	41060
Tschechien	Prag	78866	10236
Ungarn	Budapest	93029	9877
Zypern	Nikosia	9251	802
Russland	Moskau	17075400	143246
Weißrussland	Minsk	207600	9895
Ukraine	Kiew	603700	48523
Moldawien	Kischinau	33800	4267
Türkei	Ankara	783577	71325

1) Letzte verfügbare nationale Vermessungsergebnisse, in Einzelfällen Angaben der Vereinten Nationen oder von Eurostat.

2) Europäische Länder vorwiegend Wohnbevölkerung, übrige Länder vorwiegend ortsanwesende Bevölkerung. Ohne fremde Streitkräfte im Lande bzw. ohne eigene Streitkräfte die sich zurzeit außerhalb des Landes befinden.

Bruttoinlandsprodukt zu Marktpreisen in jeweiligen Preisen und Wechselkursen

Land	**Hauptstadt Verwaltungssitz**	**2001 Mill. US-$**
Belgien	Brüssel	227545
Bulgarien	Sofia	13599
Dänemark	Kopenhagen	159137
Deutschland	Berlin	1853423
Estland	Tallinn	5498
Finnland	Helsinki	121513
Frankreich	Paris	1309818
Griechenland	Athen	117161
Großbritannien	London	1422546
Irland	Dublin	102442
Italien	Rom	1091854
Lettland	Riag	7663
Litauen	Wilna	11874
Luxemburg	Luxembourg	19249
Niederlande	Amsterdam/Den Haag	384047
Österreich	Wien	189581
Polen	Warschau	183031
Portugal	Lissabon	109803
Rumänien	Bukarest	401655
Schweden	Stockholm	219440
Slowakei	Preßburg	20459
Slowenien	Laibach	19530
Spanien	Madrid	583124
Tschechien	Prag	57190
Ungarn	Budapest	51743
Russland	Moskau	309951
Türkei	Ankara	145573

Bruttoinlandsprodukt zu Marktpreisen je Einwohner

Land	Hauptstadt Verwaltungssitz	2001 US-$
Belgien	Brüssel	31186
Bulgarien	Sofia	1670
Dänemark	Kopenhagen	39000
Deutschland	Berlin	32833
Estland	Tallinn	3457
Finnland	Helsinki	31853
Frankreich	Paris	30374
Griechenland	Athen	13709
Großbritannien	London	22112
Irland	Dublin	29352
Italien	Rom	21363
Lettland	Riag	2560
Litauen	Wilna	2195
Luxemburg	Luxembourg	57720
Niederlande	Amsterdam/Den Haag	31577
Österreich	Wien	33492
Polen	Warschau	4758
Portugal	Lissabon	13104
Rumänien	Bukarest	1573
Schweden	Stockholm	33242
Slowakei	Preßburg	4406
Slowenien	Laibach	12010
Spanien	Madrid	18342
Tschechien	Prag	5555
Ungarn	Budapest	5694
Russland	Moskau	2609
Ukraine	Kiew	986
Türkei	Ankara	2810

© Statistisches Bundesamt

Zeittafel

04.04.49	Gründung der NATO
05.05.49	Gründung des Europarats
09.05.50	Vorschlag des französischen Außenministers Robert Schuman zur Gründung der Montanunion (EGKS)
10.08.52	In-Kraft-Treten des Vertrages über die Montanunion
30.08.54	Scheitern von EVG und EPG
01.01.58	In-Kraft-Treten des EWG-Vertrages
22.01.63	Beginn des deutsch-französischen Elysée-Vertrages
14.12.67	In-Kraft-Treten der NATO-Strategie der flexiblen Reaktion
01.07.68	In-Kraft-Treten der Zollunion
1/2.12.69	EG-Gipfelkonferenz in Den Haag
08.10.70	Werner-Bericht zur WWU
27.10.70	Beginn der EPZ
01.01.73	Beitritt von Dänemark, Großbritannien und Irland zur EG
10.12.74	Gründung des Europäischen Rats
01.08.75	Gründung der KSZE in Helsinki
29.12.75	Tindemans-Bericht über Europa
07.–10.06.79	Erste Direktwahl zum EP
01.01.81	Beitritt Griechenlands zur EG
01.01.86	Beitritt Portugals und Spaniens zur EG
01.07.87	In-Kraft-Treten der EEA
08.11.91	Neues strategisches Konzept der NATO
01.11.93	In-Kraft-Treten des Vertrages von Maastricht (EUV)
01.01.95	Beitritt Finnlands, Österreichs und Schwedens zur EU
01.01.95	Neue Transatlantische Agenda zwischen EU und USA beschlossen

01.01.95	Umwandlung der KSZE in OSZE
12.03.99	Beitritt Polens, Tschechiens und Ungarns zur NATO
25.04.99	Neues strategisches Konzept der NATO
01.05.99	In-Kraft-Treten des Vertrages von Amsterdam
07.12.00	Proklamation der Charta der Grundrechte der EU
01.01.02	Einführung der Währung Euro
01.02.03	In-Kraft-Treten des Vertrages von Nizza
12.12.03	Ablehnung des Vertrages für eine Verfassung von Europa

Abkürzungsverzeichnis

AdR	Ausschuss der Regionen
AV	Vertrag von Amsterdam
BIP	Bruttoinlandsprodukt
BVG	Bundesverfassungsgericht
Ecofin	Economic and Financial (-Rat)
Ecu	European Currency Unit
EEA	Einheitliche Europäische Akte
EG	Europäische Gemeinschaft(en)
EGKS	Europäische Gemeinschaft für Kohle und Stahl
EGV	Vertrag über die Europäische Gemeinschaft
EP	Europäisches Parlament
EPG	Europäische Politische Gemeinschaft
EPZ	Europäische Politische Zusammenarbeit
ER	Europäischer Rat
ESVP	Europäische Sicherheits- und Verteidigungspolitik
ESZB	Europäisches System der Zentralbanken
EU	Europäische Union
EuGH	Europäischer Gerichtshof

EUV	Vertrag über die Europäische Union
EWG	Europäische Wirtschaftsgemeinschaft
EWS	Europäisches Währungssystem
EVG	Europäische Verteidigungsgemeinschaft
EZB	Europäische Zentralbank
GAP	Gemeinsame Agrarpolitik
GASP	Gemeinsame Außen- und Sicherheitspolitik
G 8	Gruppe der 7 größten Industrienationen + Russland
JIZ	Justiz- und Innenpolitische Zusammenarbeit
KSZE	Konferenz für Sicherheit und Zusammenarbeit in Europa
NATO	North Atlantic Treaty Organisation
NV	Vertrag von Nizza
OSZE	Organisation für Sicherheit und Zusammenarbeit in Europa
UNO	United Nations Organisation
WEU	Westeuropäische Union
WSA	Wirtschafts- und Sozialausschuss
WWU	Wirtschafts- und Währungsunion

Danksagung

Verlag und Autor schulden für Informationen, Materialien und die Überlassung von Reproduktionsrechten Dank

- der Europäischen Kommission und dem Europäischen Parlament und ihren Vertretungen in München
- dem Statistischen Bundesamt, Wiesbaden
- der Kultusministerkonferenz der Bundesländer, Bonn
- dem Centrum für Angewandte Politikforschung (CAP), München,
- Herrn PD Dr. Michael Piazolo, Universität Augsburg u. Akademie für politische Bildung Tutzing

Personenregister